ERHARD EPPLER

Der Politik aufs Maul geschaut – Kleines Wörterbuch zum öffentlichen Sprachgebrauch

DIETZ

Bibliografische Information der Deutschen Bibliothek

Die Deutsche Bibliothek verzeichnet diese Publikation in der Deutschen Nationalbibliografie; detaillierte bibliografische Daten sind im Internet über *http://dnb.ddb.de* abrufbar.

978-3-8012-0397-9

Dreizehnmorgenweg 24, 53175 Bonn
Lektorat: Alexander Behrens
Satz: Just in Print, Bonn
Druck und Verarbeitung:
fgb – freiburger graphische betriebe GmbH & Co. KG, Freiburg/Br.

Printed in Germany 2009

INHALT

ARTFREMD 7

Über die Sprache der Nazis ist alles gesagt. Sie ist nicht Gegenstand dieses Wörterbüchleins. Es sei denn, sie will wiederkommen.

»Artfremd« war im NS-Staat alles, was sich als »undeutsch« oder »fremdrassig« abtun und dann auch verbieten ließ. »Entartet« war eine Kunst, wenn sie sich von einer »artgemäßen« abgewandt hatte und Wege ging, die den angeblich nordisch-germanischen Idealen zuwiderlief. »Artfremd« war, was auf fremdem, etwa jüdischem Boden gewachsen war und daher notwendig dem »gesunden deutschen Volksempfinden« widersprechen musste.

In den letzten Jahrzehnten ist dieses Wort verdientermaßen in Vergessenheit geraten. Leider nicht ganz. Ausgerechnet da, wo man es zuletzt vermutet hätte, taucht es wieder auf: Im Kommentarteil der SÜDDEUTSCHEN ZEITUNG (vom 27.3.2009). Der Autor stammt aus der Wirtschaftsredaktion.

Unter der Unterschrift »Manager als Buhmänner der Nation« verteidigt er die armen Banker, die nun nicht nur der Volkswut ausgesetzt sind, sondern auch noch auf ihren Bonus verzichten sollen. Da ist von der »ehemals weltweit größten Versicherung AIG« die Rede, »die durch *artfremde* waghalsige Spekulationen in den Abgrund gestürzt ist«. Wo es solche Spekulationen gegeben hat, muss es wohl auch Banker gegeben haben, die spekuliert haben. Sie haben mit Papieren spekuliert, die sie nicht durchschaut haben, deren Risiken allerdings auch gut versteckt – und von Ratingagenturen verharmlost worden waren. Sicher hatten sie auch ihren Bonus im Auge. Dabei ging es immerhin um zig Milliarden.

Ein Bürgermeister, der vier Millionen in den Sand setzt, muss gehen. Und ein Banker, der 4 Milliarden verheizt, also das Tausendfache? Oder 40 Milliarden, das Zehntausendfache?

AIG ist eine amerikanische Gesellschaft. »Artfremd« kann also keine Umschreibung von »undeutsch« oder »rassisch unrein« sein. Der Maßstab, das Richtige, Makellose, ist nicht das »deutsche Wesen«, an dem einst »die Welt genesen« sollte, sondern der Kapitalismus, auch der Turbokapitalismus, den wir in den letzten zwei Jahrzehnten erlebt, erlitten, gefeiert oder verflucht haben. Dem war »waghalsige Spekulation« ganz und gar fremd, artfremd. Der Wettbewerb der Banken um ökonomisch unsinnige Renditen war offenbar noch »artgemäß«. Dass einige, ja viele bei den Derivaten von Derivaten den Überblick verloren, nicht mehr wussten, was sie in ihren Tresoren hatten, war jedoch »artfremd«. Der Mechanismus war schon in Ordnung, aber ein paar gewissenlose Dilettanten haben ihn falsch, »artfremd« bedient. Die da zwei Billionen Dollar verbrannt haben – etwa 300 Dollar pro Nase der Weltbevölkerung, auch des Teils, der weniger als zwei Dollar am Tag verdient –, waren moralisch verwerfliche Zocker und Gauner, die mit dem Kapitalismus, den man uns über zwei Jahrzehnte angepriesen hat, nichts, gar nichts zu tun haben.

Und weil dem so ist, müssen wir nur dafür sorgen, dass es keine waghalsigen, unmoralischen, artfremden Spekulationen mehr gibt, vor allem aber, dass die zu Unrecht gescholtenen Banker ihre segensreiche Tätigkeit fortsetzen können. Dass im übrigen alles so bleibt, wie es ist. Das alles steckt in dem Naziwort »artfremd« das man in der SÜDDEUTSCHEN dreimal lesen muss, ehe man es glaubt. Der Autor des Kommentars, wesentlich jünger als der Autor dieses Wörterbüchleins, hat wahrscheinlich gar nicht bemerkt, dass sich bei ihm eine einschlägige NS-Vokabel eingeschlichen hat. Vielleicht denkt er einmal darüber nach, ob eine Argumentation, die ihn in diese Falle tappen ließ, in seine Zeitung passt.

Selten hat ein so unscheinbares Utensil wie der Bierdeckel so steile politische Karriere gemacht. Es war Friedrich Merz, der die Steuern so vereinfachen wollte, dass man seine Lohn- oder Einkommensteuer ohne fremde Hilfe geschwind auf einem Bierdeckel ausrechnen könne. Seither wird jedes Steuersystem danach bewertet, ob es den Bierdeckeltest besteht. Und natürlich fallen alle dabei durch.

Inzwischen wird ein »einfaches, gerechtes« Steuersystem verlangt. Da führt schon die Forderung bewusst in die Irre. Denn unser Steuersystem ist gerade deshalb nicht einfach, weil es gerecht sein will. Ein gerechtes Steuersystem ist nicht einfach, ein einfaches nicht gerecht. Einfach wäre es, alles abzuschaffen, was die zu versteuernde Summe mindert und dafür die Steuersätze zu senken, vielleicht sogar auf einen Steuersatz für alle.

Was würde dann aus den Pendlern? Die Pendlerin, die täglich 70 Kilometer zurücklegt müsste genau so viel zahlen wie der Kollege, der neben der Fabrik wohnt. Was würde aus dem Roten Kreuz, Brot für die Welt oder der Aidshilfe, wenn Spenden nicht mehr abzugsfähig wären? Und wäre es gerecht, wenn großzügige Spender nicht entlastet würden? Sicher, man könnte das Kapitel »Werbungskosten« einfach streichen. Aber wäre das gerecht?

Dass wir ein kompliziertes Steuersystem haben, rührt auch daher, dass die Politik versucht, mit Steuern zu steuern. Wenn man Familien mit Kindern gegenüber Singles begünstigen will – und das ist doch wohl gerecht –, dann geht dies am einfachsten über das Steuersystem. Will die Politik Anreize schaffen zum Kauf eines umweltfreundlichen Autos, dann bietet sich die Kfz-Steuer an. Wenn Ärzte vor dem Konsum von Zigaretten warnen, dann kann die Politik die Tabaksteuer erhöhen. Damit wir viel spenden, vermindert sich mit jeder Spende das zu versteuernde Einkommen. Und so fort.

Das gilt natürlich auch für den sozialen Ausgleich. Dazu hat vor mehr als hundert Jahren der nationalliberale Bankier Johannes von Miquel, seines Zeichens preußischer Finanzminister, die progressive Einkommensteuer erfunden. Wer mehr verdiente, sollte auch prozentual mehr bezahlen. Mit dem Einkommen sollte nicht nur die Steuer, sondern auch der Steuersatz steigen. Seither wurde, bis in die Neunzigerjahre des 20. Jahrhunderts, in Deutschland nur darüber gestritten, wie steil die Progression sein könne und wie hoch der Spitzensatz, aber nie über das Prinzip der progressiven Steuer selbst. Wer, wie Professor Kirchhoff, die einfache und gerechte Steuer anpreist, meint als Ziel meist die »flat tax«, die flache Steuer, also eine, die für den Hilfsarbeiter denselben Satz vorsieht wie für den Bankmanager. Natürlich spürt der Hilfsarbeiter vom Grundfreibetrag – und der hat praktisch Verfassungsrang – mehr als der Bankdirektor, aber der kann sicher sein, dass seine Steuer nie über den Satz hinausgeht, den man dem Hilfsarbeiter zumuten kann. Alles sehr einfach – aber gerecht?

Neuerdings wird gegen die progressive Einkommensteuer die »kalte Progression« in Stellung gebracht, also die Tatsache, dass auch ein Facharbeiter mit dem Teil seines Lohnes, den er einer Lohnerhöhung verdankt, in der Progression nach oben rutscht und also weniger ausbezahlt bekommt, als er erwartet hat.

Das ist bei der progressiven Steuer nie auszuschließen.

Wenn es schon die Kleinen trifft, dann stimmt am Tarif etwas nicht: Die Progression steigt zu früh und zu rasch – dafür hört sie auch zu früh wieder auf. Der Spitzensatz ist zwar niedriger als vor 40 Jahren, aber er greift viel früher. Das lässt sich ändern, ohne dass man die bewährte Progression der Einheitssteuer opfert. Man muss nur nachsehen, wie die Kurve zu Zeiten Adenauers und Brandts verlief.

Die progressive Steuer, bei der mit wachsendem Einkommen der Steuersatz steigt, wird nie den Bierdeckeltest bestehen. Aber sie ist das einzig wirksame Mittel gegen die Vertiefung der Kluft zwischen Reich und Arm. Ohne die progressive Einkommensteuer ist die – ohnehin drohende – Spaltung der Gesellschaft unvermeidlich.

Marktradikale Theorie findet jeden staatlichen Eingriff in das Marktgeschehen schädlich. Der eleganteste, für eine »soziale« Marktwirtschaft unentbehrliche Eingriff geschieht über die Steuer. Dem soll die »Bierdeckelsteuer« ein Ende setzen. Der Staat soll gar nicht steuern, auch nicht durch Steuern.

Wohin diese Theorie führen kann, vielleicht führen muss, hat die Finanzkrise gezeigt. Vielleicht reduziert sie auch den Bierdeckel wieder auf seine banale Aufgabe: den Wirtshaustisch vor überquellendem Bierschaum zu schützen.

Nach Hermann Pauls Deutschem Wörterbuch bedeutet »Bilanz« einen »Rechnungsabschluss«. Das Wort stamme aus der italienischen Kaufmannssprache. Dort stehe es für »Waage, Gleichgewicht« und meine »das Abwägen von Einnahmen und Ausgaben«.

In politischen Bilanzen ist von solchem Abwägen wenig übrig geblieben. Im Gegenteil: Politische Bilanzen, wenn sie das eigene Tun bilanzieren sollen, sind immer positiv.

Wenn Vorstand oder Präsidium einer Partei hinter verschlossenen Türen sieben Stunden so heftig gestritten haben, dass einiges an Verwundungen und Bitterkeit übrig bleibt, zieht der Generalsekretär anschließend vor der Presse »eine positive Bilanz«. Wenn Kanzlerin Merkel sich charmant-ironische Schelte vom französischen Präsidenten hat anhören müssen, so kann man mit Sicherheit erwarten, dass sie vor den Medien »eine positive Bilanz« des Treffens zieht. Und der Präsident natürlich auch. Man habe sich auf dies und jenes geeinigt, (worüber man vorher schon einig war). Worüber man sich nicht geeinigt hat, bleibt auch dann im Dunkel, wenn Journalisten nachbohren. In der Bilanz darf das Wort »Erfolg« nicht fehlen.

In einer Erfolgsgesellschaft kann Misserfolg gefährlicher werden als der Mangel an politischem Anstand. Also wird aus allem, was sich unter Ausschluß der Öffentlichkeit abspielt, ein Erfolg gemacht. Oft sogar aus dem, was für geduldige Beobachter zugänglich war, etwa eine Haushaltsdebatte, die in Phönix übertragen wurde. Bilanzen sind immer positiv – wenn das eigene, nicht fremdes Tun bilanziert wird.

Ebenso sicher sind Bilanzen der jeweiligen Opposition

negativ. Dabei kommt es auf die Argumente nicht an. Eine marktradikale Partei kann die Regierung in der Bilanz eines Konjunkturprogramms gleichzeitig für zu geringe Steuersenkungen und zu hohe Kreditaufnahme tadeln.

So sehr man mitfühlen kann mit Menschen, die immer erfolgreich sein oder immer kritisieren und oft auch nörgeln müssen, sie sollen sich nicht wundern, wenn die Bürgerinnen und Bürger abschalten. Sicher: jeder hat seine Rolle, auch in der Politik, und dagegen ist nichts einzuwenden. Aber wenn sich aus der Rolle schon vorhersehbar die Aussage ergibt, wenn der geübte Betrachter schon vorher weiß, was nun kommt, dann wird Politik langweilig. Es lohnt sich nicht mehr zuzuhören oder gar mitzudenken.

Wenn in den Sechziger- oder Siebzigerjahren des letzten Jahrhunderts Herbert Wehner ans Rednerpult des Bundestages trat, wurde es still im Saal. Alle waren gespannt, was nun kommen würde. Würde er seine Gegner sarkastisch auseinander nehmen oder würde er sie, voller Respekt vor der anderen Partei, an die gemeinsame Verantwortung für die gemeinsame Republik erinnern? Würde er seiner eigenen Partei, leicht versteckt, ein paar Hiebe verpassen? Würde er, der immer frei sprach, alle seine komplizierten Schachtelsätze korrekt zu Ende bringen?

Demokratischer Diskurs gelingt nur, wenn er nicht zur berechenbaren Routine verkommt. Mancher würde in der Öffentlichkeit aufmerken, wenn in einer »Bilanz« das »Abwägen der Einnahmen und Ausgaben« erkennbar würde, wenn zugegeben würde, dass dem Vorsitzenden oder der Kanzlerin nicht gelungen sei, einen Kompromiss zu finden, dass sie besorgt seien, weil die Zeit dränge. Würde es nicht auch einer Politikerin der Opposition gut anstehen, ja ihre

Glaubwürdigkeit stärken, wenn sie Teile eines Konjunkturpakets loben, andere tadeln und bei wieder anderen zugeben würde, dass sie da nicht sicher und selbst gespannt sei, ob und wie sich dies auswirken werde?

Sicher, jede Regierung muss ihre Politik erläutern und verteidigen, jede Opposition muss die Schwachstellen der Regierung ausfindig machen. Aber man kann alles so übertreiben, dass niemand mehr hinhört. Und wer hört noch hin, wenn die Nachrichtensprecherin abliest: Der Minister hat eine positive Bilanz seiner Gespräche mit ... in ... gezogen? Sollten die Nachrichtenagenturen diesen Satz auf Vorrat herstellen, müssten sie nur den Namen der Partner und den Ort der Handlung einsetzen. Vielleicht wäre dies günstig für die Bilanz der Agentur.

Selten, vielleicht noch nie stand Bildung so weit oben auf der Prioritätenliste der Politik. Alle Parteien fordern, wenn auch mit unterschiedlichen Akzenten, mehr Anstrengungen – und also auch mehr Geld – für die Bildung, manche preisen Bildung als »die soziale Frage des 21. Jahrhunderts«, wollen gar Deutschland zur »Bildungsrepublik« herausputzen.

Aber auch noch nie haben sich die Politiker dabei so weit von dem entfernt, was große Geister der Goethezeit meinten, als sie, erst zögernd und selten, den Begriff Bildung einführten, nutzten und prägten.

In der politischen Diskussion meint Bildung heute vor allem »Investition in Humankapital«. Wir Deutschen hätten eben kaum Rohstoffe, unser Kapital stecke in den Köpfen, und das müsse optimal genutzt werden. Daher müsse Bildung als »Zukunftsinvestition« eingestuft werden, auch in den Haushalten der Bundesländer. Ohne Bildung keine Innovation, ohne Innovation keine Konkurrenzfähigkeit, ohne Konkurrenzfähigkeit keine Zukunft. Also ist »lebenslanges Lernen« nötig. Und das wird gleichgesetzt mit Bildung. Diese Bildung ist dann auch messbar, und wenn die Deutschen in einer Pisa-Studie schlecht abschneiden, dann muss eben mehr für die Bildung getan werden. Bildung hat immer ökonomische Auswirkungen, international, aber eben auch für die Aufstiegschancen oder den Abstieg des einzelnen. Daher plädieren inzwischen alle für optimale Bildungschancen, wenn auch mit mehr oder minder plausiblen Rezepten.

Das alles ist nicht falsch. Aber was hat es mit dem zu tun, was Pädagogen und Philosophen spätestens seit Wilhelm von Humboldt meinen, wenn sie über Bildung diskutieren?

Bis in die Mitte des 18. Jahrhunderts war, wenn das Wort »Bildung« fiel, die äußere Erscheinung eines Menschen gemeint, seine Gestalt und vor allem sein Gesicht. Eine »feine Bildung« war ein ansprechendes Gesicht.

1738 erscheint »Bildung« in einer neuen Bedeutung und zuerst in einer Übersetzung aus dem Englischen. Was der Philosoph Shaftsbury die »formation of a genteel character« nannte, hieß nun im Deutschen »Bildung«. Für den Pädagogen Pestalozzi war einige Jahrzehnte später Ziel und Zweck der Bildung »die Emporbildung der inneren Kräfte der Menschennatur zu reiner Menschenweisheit«. Dieser Bildung, so der Schweizer Pädagoge, müssten alle »Belehrungen für Beruf und Stand untergeordnet« sein. Was dies praktisch bedeuten könnte, hat Goethe in seinem Bildungsroman über die Lehr- und Wanderjahre Wilhelm Meisters gezeigt.

Kulturpolitisch wirksam wurde dieser Bildungsbegriff durch Wilhelm von Humboldt. Für ihn war Bildung die harmonische Entfaltung menschlicher Kräfte und Begabungen zu einer unverwechselbaren, sich selbst bestimmenden Individualität, für die dann auch das Prädikat »Persönlichkeit« geläufig wurde. Bildung war zuerst »allgemeine Bildung«.

Wie solche Bildung aussehen, wie sie organisiert werden könnte, wie und ob sie in einer Zeit äußerster Spezialisierung noch möglich sei, darüber wird nun seit 200 Jahren gestritten, seit hundert Jahren auch, was der Kritik Friedrich Nietzsches an diesem Bildungsideal entgegenzuhalten sei. Aber eines blieb immer unbestritten: Bei Bildung geht es um den ganzen Menschen, um Leib, Geist und Seele, um mathematische, sprachliche, musische, soziale, handwerkliche Fähigkeiten, auch um politische Mündigkeit, nicht um die Abrichtung auf eine bestimmte Tätigkeit.

Das galt noch in den Achtzigerjahren des letzten Jahrhunderts. Wenn Parteien Grundsatzprogramme vorbereiteten, wurde tagelang über Bildungsziele diskutiert: Was wollen wir erreichen, wenn wir Bildung sagen? Davon ist fast nichts übrig geblieben. In der politischen Praxis ist Bildung ein Mittel, ein unentbehrliches Mittel im ökonomischen Konkurrenzkampf. Entsprechend wird sie gefördert – oder auch nicht. Lehrstühle, von denen die Wirtschaft etwas hat, werden neu eingerichtet, dafür werden in den Geisteswissenschaften andere gestrichen.

Gehirnforscher müssen uns als neue wissenschaftliche Erkenntnis berichten, dass das Flöten- oder Geigenspiel die geistige Konzentration auf allen Gebieten fördert, dass Sport auch geistigen Leistungen zugute kommt, dass Lesen die Phantasie mehr beflügelt als Fernsehen. Sie erinnern uns damit nur an manches, was wir längst wussten, ehe wir uns die Ökonomisierung unseres Bewusstseins gefallen ließen.

Noch vor dreißig Jahren war die Ausgangsfrage aller Politik, auch der Bildungspolitik: »Wie *wollen* wir leben?« Inzwischen fragt so fast niemand mehr. Stattdessen mühen wir uns mit der Frage ab: »Wie *müssen* wir leben, damit wir uns ökonomisch behaupten können?« Und manche feiern dies sogar als Fortschritt.

Sicher, in einer globalisierten Welt muss Europa, muss Deutschland mithalten können. Aber vielleicht wird uns dies gerade dann misslingen, wenn wir Bildung zur »Investition in Humankapital« degradieren.

Geht es um einfühlsame Schilderung, um Gefühle und Stimmungen, so ist die deutsche Sprache reich. Goethe, Eichendorff oder Mörike haben diesen Reichtum genutzt und europäische Lyrik geschaffen.

Sobald es um Politik geht, ist unsere Sprache arm. Sie lebt von unzähligen Fremdwörtern, meist aus dem Französischen übernommen. Das hat seinen guten Grund. Es gab im Deutschland des siebzehnten oder 18., ja noch im größeren Teil des 19. Jahrhunderts keine politische Diskussion, die den gesamten deutschen Sprachraum erfasst hätte. Die Deutschen in Ostpreußen hatten andere Sorgen als die im vorderösterreichischen Breisgau. Es gab auch keine Zeitungen, die in Bayern ebenso gelesen wurden wie in Lübeck.

Das war in Frankreich und England anders. Schon vor der französischen Revolution gab es so etwas wie eine französische Öffentlichkeit. Von Voltaire oder Rousseau erfuhr, wer von ihnen hören wollte, auch wenn er am anderen Ende Frankreichs lebte. Und diese nationale Diskussion hatte immer auch eine politische Seite.

In vielen Fällen haben die Deutschen einfach die Begriffe übernommen, die in den westlichen Nationalstaaten geprägt wurden. Sicher, deutsche Übersetzungen konnten nicht schaden, aber die französischen oder lateinischen Wörter waren eindeutig. Man musste sich nur daran gewöhnen.

Ganz schwierig wurde die Übersetzung, als in der französischen Revolution der »Citoyen« und die »Citoyenne« geboren wurden. Die gab es in Deutschland noch nicht. Es gab die Fürsten und ihre Untertanen, und es gab die Bürger in den Städten, die sich abhoben von den Bauern ringsum, aber auch von den Handlangern, Tagelöhnern oder dem Dienstpersonal. Stadtluft hatte sie frei, unabhängig gemacht. Bürger hatten meist ihr eigenes Geschäft, sei es als Handwerker oder als Händler, sie übten auch nebenher Ämter aus in ihren Zünften oder auch im Rat der Stadt. Diese Bürger, für die Franzosen das Wort »bourgeois« benutzten, waren allerdings ihrem Fürsten genauso untertan wie alle andern.

Und nun kamen die Franzosen mit ihrem »Citoyen«, der zuerst und vor allem eben kein Untertan sein wollte, sondern die Quelle aller Staatsgewalt, der ein Bourgeois sein konnte – aber genauso gut Bauer oder Arbeiter. Für ihn fanden die Deutschen nur das altbekannte Wort »Bürger«. Es passte vorne und hinten nicht, und es passte immer weniger, je mehr im 19. Jahrhundert der Bourgeois – aus Angst vor der Arbeiterschaft – sich zum vorbildlichen Untertan mauserte, während die Arbeiter ihre Rechte als Citoyens einforderten.

Die Franzosen, auf klare Begriffe erpicht, erfanden auch den »petit bourgeois«, also den, der gerne bourgeois gewesen wäre, sich auch an Großbürgern orientierte, aber eben doch als kleiner Angestellter, Handwerker, Beamter oder Rentner nicht viel mehr verdiente als die neue Schicht der Arbeiter, der Proletarier, also der Leute, die den Bourgeois immer neue Forderungen präsentierten und gleichberechtigte Citoyens sein wollten. Auch im Deutschen kam der Begriff »Kleinbürger« auf, aber niemand wollte einer sein. »Bürgerlich« wollten fast alle sein – außer dem Adel und den überzeugten Proletariern.

»Bürgerlich« bezeichnete zum einen eine Lebenshaltung. Gegenspieler war der Künstler, der Bohèmien, der auf bürgerliche Wohlanständigkeit pfiff, sich nicht darum kümmerte, was die Leute von ihm redeten, einer, der die bürgerliche Enge und Heuchelei verspottete.

Bürgerlich wurde aber auch ein politischer Kampfbegriff. Es gab bürgerliche und nicht-bürgerliche Parteien. Und dies, obwohl jede Partei notwendig aus Citoyens und Citoyennes besteht, die – auf ihre Weise – dem Gemeinwohl dienen wollen. Wie kann ein Citoyen besser beweisen, dass er einer ist, als durch Mitarbeit in einer demokratischen Partei? Insofern dürfte es nur bürgerliche Parteien geben.

Eine »bürgerliche« Partei war und ist jedoch eine Partei der Besitzbürger und der Kleinbürger, die sich abgrenzt gegen alle, denen sie einen solchen sozialen Status nicht zuerkennt. Aber eine »Partei der Besitz- und Kleinbürger« wäre nicht eben attraktiv. Viele würden sie schon ihres Namens wegen ablehnen. Sie würde die Spaltung der Gesellschaft zum Programm machen, könnte sich nicht ernsthaft am gemeinen Wohl orientieren. All dies wischt der Begriff »bürgerliche Partei« beiseite. Er suggeriert, was im »Citoyen« angelegt ist und auch im »Bürger« noch mitschwingt: Hier sind die Leute beisammen, die wirklich dazugehören, die wissen, was sich gehört, was dem Ganzen dient, denen man vertrauen kann. So ist dieser Begriff verwandt worden, seit aus der Arbeiterbewegung neue, nicht bourgeoise Parteien entstanden sind. Die Bezeichnung hat die Weltkriege und den Nazismus überlebt. Erst seit den Siebzigerjahren des 20. Jahrhunderts wurde das Wort seltener benutzt. Wenn es zwei große Volksparteien gibt, die in alle Schichten hineinreichen, wenn die »bürgerliche« Volkspartei um Arbeiterstimmen wirbt und die angeblich »unbürgerliche« eine »neue Mitte« anspricht, verliert das Reden von »bürgerlichen« und nichtbürgerlichen Parteien jeden Sinn; auch den propagandistischen Hintersinn.

Daher ist die Frage erlaubt: Was soll es bedeuten, wenn nun, gegen Ende des ersten Jahrzehnts des 21. Jahrhunderts, diese Bezeichnung plötzlich wieder in Mode kommt?

Die »neue Bürgerlichkeit« meint den Rückzug ins Private (Wolfgang Sofsky) und wendet sich damit gegen den Citoyen, der den Aufbruch in die Öffentlichkeit signalisiert und sich der Verantwortung für das gemeine Wohl verschrieben hat. Für diese neuen »Bürgerlichen« kommt alles Unheil von eben dem Staat, den der Citoyen gestalten, nutzen will. Soziale Gerechtigkeit ist für den neuen Bürger keine Aufgabe, sondern ein Reizwort. Kurz: Es ist der alte Bourgeois, noch ein bisschen weniger Citoyen als der von 1900. Die Spaltung der Gesellschaft ist für diesen Neu-Bourgeois kein Albtraum, sondern etwas, womit man sehr wohl leben kann, wenn man sich die nötige Sicherheit – etwa in »gated communities« – kaufen kann.

Ist diese »Bürgerlichkeit« gemeint, wenn die Parteien rechts von der Sozialdemokratie sich wieder »bürgerliche Parteien« nennen?

Wer seine Wehrpflicht ableistet, ist »Bürger in Uniform«. Und wenn er die Uniform wieder auszieht? Dann ist er doch wohl ein Bürger in Zivil. Oder ist er das nur, wenn er einer »bürgerlichen« Partei angehört oder sie doch wenigstens wählt?

Beginnt hier wieder das alte Spiel mit der Armut unserer politischen Sprache, dem traurign Tatbestand, dass wir für Citoyen und Bourgeois nur ein Wort haben? Und die vage Erinnerung daran, dass man in Deutschland nur allzu lange ein Bourgeois sein musste, wenn man seine Rechte als Citoyen ausüben wollte?

Was immer man einwenden kann gegen die Unterscheidung zwischen rechts und links – und wir hören täglich, sie gehöre der Vergangenheit an –, sie ist immer noch zehnmal näher an der Wirklichkeit als die zwischen bürgerlichen und nichtbürgerlichen Parteien.

Das lateinische Verbum e-ligere bedeutet »auslesen«. Elite ist Auslese. Um auszulesen, braucht man Kriterien, Maßstäbe. Die sind sehr verschieden. Die SS galt als Eliteformation des NS-Staates. Auslesekriterien waren, zumindest zu Beginn, Körpergröße, robuste Gesundheit, möglichst auch »nordische« Schädelform, blonde Haare, aber eben auch die Bereitschaft zu »unbedingtem Gehorsam«. Später, gegen Ende des Krieges, nahm die Waffen-SS jeden, der dazu bereit war oder sich nicht mehr zu h elfen wusste gegen den Druck der Werber. Dem Autor, gut sechzehn Jahre alt, fiel auf die Frage eines baumlangen SS-Offiziers: »Warum willst Du nicht zur Waffen-SS?« nur ein: »Die SS ist eine Eliteformation, ich rechne mich nicht zur Elite!« Seit dieser Zeit wird er immer hellwach, wenn das Wort »Elite« fällt, auch wenn niemand mehr mit den Maßstäben von damals Elite definiert. Aber mit welchen dann?

Es gibt junge Leute, die auf irgendeinem Gebiet überdurchschnittlich, ja phänomenal begabt sind: in Mathematik, in der Konstruktion und in der Erfindung von Maschinen, in der Erlernung von Fremdsprachen, als Schachspieler, Geigenvirtuosen. Nichts spricht dagegen, sie zu fördern, auch nichts, sie mehr und anders zu fördern als andere, durchschnittlich Begabte, sogar dann, wenn dies zusätzliches Geld kostet. Jede Gesellschaft profitiert von Höchstleistungen. Aber hilft es uns – und diesen jungen Leuten, wenn wir dafür den Begriff der Elite bemühen? Ein Mathematikgenie kann ganz und gar unpolitisch sein. Das schadet wenig. Es kann aber auch politisch skurrilen Unsinn verkünden, ganz einfach, weil Politik keine Mathematik ist. Was hilft es dann, wenn er sich auch noch als Elite fühlen darf oder gar von anderen als solche verstanden wird? Ein Schachweltmeister ist ein Meister in diesem seinen Fach. Kein Mensch käme auf die Idee, ihn als Literaturkritiker oder als Personalchef in einem Unternehmen anzustellen. Und natürlich hat er auf politische Autorität so wenig Anspruch wie ein tüchtiger Automechaniker. Niemand wird Einspruch erheben, wenn er unter die »Elite der Schachspieler« gerechnet wird. Aber das reicht dann. Die »Elite der Fußballspieler« ist leicht zu bestimmen. Es sind die Torjäger und Abwehrasse, die der Bundestrainer als mögliche Nationalspieler auswählt. Aber wem hilft es, wenn ein solcher Ausnahmesportler mit dem Bewusstsein herumläuft, er gehöre zur Elite der Nation?

In einem fundierten Rundfunk-Plädoyer für neue Eliten verwies der Präsident eines Lehrerverbandes auf die Bibel. Schon Jesus habe gesagt: »Viele sind berufen, aber wenige sind auserwählt.« Wer beruft da? Wer wählt aus? Kein Mensch, sondern der Gott, dessen Reich Jesus ankündigt. Keiner seiner Jünger kann ganz gewiss sein, dass er berufen ist, noch viel weniger, ob er oder sie zu den Auserwählten gehört. Für Elitebewusstsein ist da kein Raum und kein Anlass. Menschen werden angeregt, über ihre Berufung nachzudenken und sich so zu verhalten, dass sie vielleicht, möglicherweise unter den Auserwählten sein könnten.

Es mag schon Eliten geben, aber wer bestimmt sie? Vielleicht die Geschichte? Wenn ein Historiker die Zisterzienser des 12. Jahrhunderts als »Elite der mittelalterlichen Kirche« rühmt, hat er dafür gute Gründe. Nur: so haben sich die Mönche in Hirsau nicht gefühlt. Sie wollten bescheiden, vielleicht sogar demütig ihrem Gott oder auch seiner Kirche dienen. Hätte man sie gefragt, ob sie zur Elite gehören, sie hätten es wohl gar nicht verstanden.

Zur Elite gezählt zu werden, so hört man, bedeute Ermutigung, Anreiz zu besonderer Leistung. Das mag stimmen. Aber was bedeutet dies für die vielen, denen dieses Prädikat verwehrt bleibt? Empfinden sie dies nicht als Abwertung, ja als Entmutigung? Zumal wenn, wie beim »Ranking« der Universitäten, durchaus anfechtbare Kriterien verwendet werden? Wer auslesen will, muss auch bedenken, was nach der Auslese übrig bleibt. Das langweilige Mittelmaß? Die Dämmerung mit den vielen grauen Katzen? Das Gegenüber der Elite ist, nicht nur bei Ortega y Gasset, die Masse. Und die besteht, auch wenn es in diesem Begriff gar nicht erkennbar ist, aus Individuen, die sich ihre Gedanken machen, auch über die Elite.

Dass wir in der Rückschau so etwas wie Eliten ausmachen können, dass wir zum Beispiel von den geistigen Eliten der Goethezeit reden können, beweist noch lange nicht, dass es gut und hilfreich ist, wenn ein fünfzehnjähriger Eaton-boy oder ein zwanzigjähriger Student an einer Exzellenz-Universität sein Elitebewusstsein kundtun. Wo Elitedünkel aufkommt, ist bestimmt keine Elite.

Im Begriff der Elite steckt eine seltsame Dialektik: Je mehr man davon redet, sich darauf beruft, sie fordert und fördert, desto seltener wird sie. Vielleicht wächst so etwas wie Elite nur da, wo davon nicht geredet wird.

Könnten wir uns nicht darauf verständigen, dass alle Begabungen, auch die Spezialbegabungen, die wir Hochbegabungen nennen, Förderung verdienen, dass es dafür sogar Institutionen geben muss, dass wir es aber späteren Historikern überlassen wollen, wen sie für die Eliten des 21. Jahrhunderts halten. Falls sie den Begriff benutzen wollen.

Und wenn sie diesen Begriff meiden, weil sie seine Dialektik fürchten? Dann sollten wir ihnen schon heute versichern, dass wir ihnen dies nicht übel nehmen.

Ein Experte für Wärmedämmung weiß, wie man ein Haus wirksam und möglichst billig gegen das Eindringen von Kälte abdichtet. Er kennt alle Materialien, die herkömmlichen und die ganz neuen, die Fenster, zweifach oder dreifach verglast. Er weiß, wo Kältebrücken sich verbergen, wie man lüften muss, vielleicht sogar, wo der Hausbesitzer alles Notwendige am billigsten bekommt. Ist der Experte gut, kann man sich auf ihn verlassen.

Wer an einer hartnäckigen Hautkrankheit leidet, landet meist beim Hautarzt, sogar dann, wenn er zuerst seinen Hausarzt aufgesucht hat. Kein Mediziner, und sei er noch so fleißig, noch so klug, kann heute noch alle Teilgebiete seiner Wissenschaft überblicken. Daher gibt es Fachärzte. Sie sind Experten für ihr Gebiet. Sie haben, jeder in seinem Fach, Erfahrungen gemacht mit Dutzenden von Krankheiten und Therapien, hunderten von Patienten. Sie wissen auf ihrem Gebiet Bescheid. Trotzdem kommt es vor, dass sie hilflos sind, nicht nur bei weit vorangeschrittenem Krebs, sondern bei so häufigen und keineswegs tödlichen Beschwerden wie Migräne.

Dabei stellt sich heraus, dass Fachärzte fast immer Experten sind in einer bestimmten Heilmethode. Sie sind Schulmediziner oder Naturärzte, sie haben von chinesischer oder gar indianischer Medizin gelernt. Und es kann vorkommen, dass bei der einen Krankheit die eine, bei einer anderen die andere Heilmethode Erfolg hat. Jedenfalls hat auch das Expertentum eine theoretische Grundlage. Sie mag solider oder weniger solide sein, sie ist nicht unanfechtbar. Der Experte weiß viel, sehr viel, aber innerhalb seiner Form der Heilkunde.

Die ist aber nicht die einzige.

Wo es um Werkstoffe, um Material, um Physik geht, gibt es die eindeutige, verlässliche, nachprüfbare Expertenauskunft. Wo ein so kompliziertes, vielschichtiges Wesen wie der Mensch ins Spiel kommt, gibt es nicht nur verschiedene Menschenbilder, sondern auch verschiedene wissenschaftliche Ansätze aufgrund dieser Menschenbilder. Die eine, unanfechtbare, sofort nachprüfbare Wahrheit ist, falls es sie geben sollte, uns allen verborgen.

Wenn die Regierung einen »Sachverständigenrat zur Begutachtung der wirtschaftlichen Entwicklung« beruft, dann handelt es sich um hochkarätige Experten, meist Wirtschaftswissenschaftler von Rang und Namen. Sie wissen viel, sehr viel. Aber auch ihre Wissenschaft ist nicht nur Mathematik, sie hat ein theoretisches Fundament. Ökonomie wird – im besten Fall – von Menschen für Menschen gemacht, im schlimmsten nur zur Vermehrung des Kapitals.

Ökonomen sind Marktradikale oder Keynesianer, sie sind politisch Ultraliberale oder Sozialdemokraten. Und entsprechend fallen ihre – natürlich wissenschaftlichen – Gutachten, Berichte und Ratschläge aus. Sind sie Marktradikale, so werden sie für Lohnzurückhaltung, Steuersenkung, Reduzierung der Staatsquote, Deregulierung und Privatisierung eintreten. Sie werden »den Staat« zu äußerster Sparsamkeit, die Bürger zu kräftigem Konsum auffordern. Orientieren sie sich an Keynes, so plädieren sie für die Stärkung der Nachfrage und also der Kaufkraft, manchmal auch durch kräftige Lohnerhöhung, für herzhafte Staatseingriffe, eine antizyklische Fiskalpolitik, also kräftige kreditfinanzierte Investitionen im Abschwung, für weniger Ausgaben, wenn der Aufschwung trägt. Streiten die verschiedenen Schulen der

Ökonomie öffentlich um den richtigen Weg, so bleibt für Nicht-Experten die Chance der Meinungsbildung. Und später, Jahre später, lässt sich zeigen, welche Expertise die richtige war.

Sobald allerdings eine dieser Schulen so dominiert, dass sie fast alle Wirtschaftsteile der Zeitungen beherrscht, wenn nur noch belächelte Außenseiter Widerspruch wagen, werden aus Wirtschaftsexperten Wirtschaftsweise. Gegen Weisheit kommt niemand an. Man nimmt sie dankbar an, bezweifelt sie nicht. Nicht einmal die Regierung. Sogar wenn sie sich über ein Gutachten ärgert, sie sagt es nicht. Bis die unantastbaren Weisheiten in die Krise führen.

Dann zeigt sich, dass Expertentum und Weisheit nicht dasselbe ist, dass die theoretische Grundlage der Expertise höchst fragwürdig war. Oder gar, dass, was sich als Wissenschaft ausgab, Ideologie war.

Was für das Grenzgebiet zwischen Wissenschaft und Politik gilt, ist in der Parteipolitik offenkundig. Die Steuerexperten einer marktradikal orientierten Partei werden immer, in der Hochkonjunktur wie in der Flaute, Steuersenkungen fordern. Nur die Begründungen werden sich jeweils an die Konjunktur anpassen. Ganz links wird man immer eine höhere Belastung großer Vermögen und hoher Einkommen fordern. Nur die Begründungen werden variieren, je nach Konjunktur. Aber dazu bedarf es keines Expertenwissens. Der wache Bürger weiß schon, was kommt, ehe der »Experte« den Mund aufmacht.

Der Glaube an den Experten gründet wohl im Respekt vor d e r Wissenschaft. Aber wo es um Menschen, um menschliches Zusammenleben und damit auch um Politik geht, gibt es d i e wissenschaftliche Wahrheit nicht. So wie verschiedene Menschenbilder den Anspruch der Wissenschaftlichkeit erheben, so tun dies unterschiedliche theoretische Ansätze auch. Verbinden sie sich mit Interessen, werden daraus Ideologien. Sie sind überall wirksam, auch und gerade da, wo sie geleugnet werden, wo man entweder »rein pragmatisch« zu handeln vorgibt oder sich auf Wissenschaft beruft. Vielleicht ist die vertrackteste Ideologie sogar die von der eigenen Ideologielosigkeit (siehe »*Ideologie*«).

Jedenfalls: Experten mögen nützlich sein, wenn sie bescheiden die Ergebnisse ihrer Arbeit begründen und nicht verschweigen, auf welcher theoretischen Basis sie gewonnen wurden. Der Glaube an die Experten jedoch ist sogar dann ein Aberglaube, wenn diese sich auf ihrem Gebiet wirklich auskennen. Auch dann können sie sich irren. Sie können falsche Diagnosen stellen, falsche Therapien verordnen, in der Medizin wie in der Politik.

Misstrauen ist angesagt, und zwar umso mehr, je stolzer die Experten ihre Wahrheit aus der Tasche ziehen. Am meisten Vertrauen verdient, wer uns selbst auf mögliche Einwände gegen seine Expertise hinweist.

Flügel sind zum Fliegen da. Wer Vögel beobachtet, staunt über die Kraft, mit der sie ihre Flügel bewegen. Menschen, die versucht haben, sie nachzuahmen, hatten wenig Glück. Etwa der Schneider von Ulm, der in die Donau plumpste. Der Airbus hat keine Flügel, sondern Tragflächen. Sie bewegen sich nicht. Der Auftrieb kommt durch die Form der Tragflächen – und die Geschwindigkeit.

Auch Parteien haben ihre Flügel, meist einen rechten und einen linken. Sie werden ein wenig überschätzt, weil es für die Medien am einfachsten ist, die Leute nach ihrer Meinung zu fragen, die als Sprecher solcher Flügel gelten. Die sich zu keinem rechnen, fragt man selten. Überschätzt werden sie auch, weil jemand, der einer Partei beitreten will, nicht gefragt wird: »Zu welchem Flügel?« Sie wollen Mitglied der Partei werden, nicht eines Flügels. Und meist bleibt es auch dabei. Die meisten Mitglieder fühlen sich keinem Flügel zugehörig. Sie stimmen einmal dem einen zu, ein anderes mal dem anderen. Manchmal gar keinem. Und häufig ärgern sie sich über den einen oder anderen, manchmal auch über beide, wenn sie sich allzu wichtig nehmen, allzu laut tönen und sich nicht an Beschlüsse halten.

Nimmt man das Bild vom Flügel ernst, so braucht es zum Fliegen deren zwei. Ein stolzer Habicht, der, wodurch auch immer, einen Flügel verloren hat, ist ein jämmerliches Geschöpf, dessen Tage oder Stunden gezählt sind. Daher muss in einer Partei, soll sie leben, jeder Flügel ein Interesse daran haben, dass es den anderen auch gibt. Vor allem: Die Loyalität zum Ganzen muss immer stärker sein als die zum Flügel. Ist es umgekehrt, droht der Absturz. Wie das geht, haben hessische Sozialdemokraten gezeigt.

Weil es für Medien bequem ist, die Vielfalt von Meinungen innerhalb einer Partei auf zwei Flügel zu reduzieren, bieten Flügel beträchtliche Chancen der Profilierung. Man kann durch Flügelschwingen Profil gewinnen, zumindest für die Öffentlichkeit. Das ist attraktiv, verführerisch, auch für Politiker, die sonst wenig beachtet werden. Aber nicht ungefährlich.

Für die Partei, die dann nur noch als Flickwerk von mühsam zusammengenähten Flügeln erscheint, aber auch für den Profilsuchenden, der innerhalb der Partei das Profil des Profilsüchtigen bekommen kann. Damit kommt keiner weit.

Dass menschliche Geschichte ein unaufhaltsamer Weg nach oben sei, zu immer leistungsfähigerer Wissenschaft, perfekterer Technik, vernünftigerer Ordnung, wachsender Freiheit und damit auch besserem, angenehmerem, erfüllterem Leben, glaubten weder die Menschen der Antike noch die des Mittelalters. Der Glaube an den Fortschritt hat seine frühen Wurzeln im siebzehnten Jahrhundert, wuchs kräftig im achtzehnten, war am wirksamsten im 19. Jahrhundert, zumal dann, wenn man dieses Jahrhundert bis zum Jahr 1914 dauern lässt.

Fortschrittsglaube war ein Merkmal der Linken, im 19. Jahrhundert der Liberalen, vor allem in den Teilen des Liberalismus, die sich 1910 zur »Fortschrittlichen Volkspartei« zusammenschlossen. Für sie bedeutete Fortschritt Industrialisierung, wachsender Wohlstand, weniger Plackerei, mehr Bildung, aber auch Ende der Gängelei, weniger Obrigkeitsstaat, freiheitliche Verfassung.

Die Sozialdemokraten, die schon gegen Ende des 19. Jahrhunderts zur Massenpartei wurden, hatten gegen die Forderungen dieser Liberalen, auch gegen ihr Fortschrittspathos, nichts einzuwenden. Aber sie folgerten daraus: Das alles kann ja nicht nur gelten für Fabrikanten, Kaufleute, Akademiker, allenfalls Handwerksmeister und Großbauern, es muss auch denen zugute kommen, die in den Fabriken malochen, viel zu lange, viel zu hart, um einen viel zu geringen Lohn, ohne Sicherung für Alter und Krankheit. Daher war für Sozialdemokraten Fortschritt zuerst einmal soziale Sicherung, soziale Gleichstellung, soziale Gerechtigkeit.

Dann kam der Erste Weltkrieg, die Urkatastrophe des

20. Jahrhunderts. Der technische Fortschritt, den fast alle so euphorisch gefeiert hatten, diente jetzt dazu, Menschen zu Hunderttausenden umzubringen. Im Durchschnitt starben stündlich 250 Soldaten, mehr als vier Jahre lang, Russen, Franzosen, Deutsche, Briten, Serben, Italiener, Türken, Amerikaner. Also an einem Tag mehr, als die Vereinigten Staaten im Irak in sechs Jahren an Opfern zu beklagen hatten.

Ohne diese Urkatastrophe, die den Wert eines Menschenlebens nicht weniger reduzierte als den Wert der Mark in der anschließenden Inflation, wäre auch die zweite, schlimmere Katastrophe von 1939–1945 kaum denkbar gewesen. Danach war für jeden klar: Geschichte bedeutete nicht notwendig Fortschritt. Da half es nichts, die Nazis als Reaktionäre, als Fortschrittsfeinde einzuordnen. So empfanden sie sich gar nicht. Und die Kommunisten Stalins hatten sich als Vorhut des Fortschritts verstanden. Sie hatten gemordet und gefoltert, um dem Fortschritt, wie sie ihn verstanden, freie Bahn zu schaffen.

Trotzdem war das, wofür »fortschrittliche« Demokraten standen, keineswegs erledigt: Menschenrechte, Wohlstand, Freiheit, Demokratie, Gerechtigkeit, das alles wurde nur noch erstrebenswerter, nachdem man das Gegenteil glücklich überlebt hatte.

An den Fortschritt zu glauben, war 1945 kaum mehr möglich. Aber man konnte ihn wollen, erstreben, erkämpfen. Dazu musste man wissen, was damit gemeint ist. Was sollte fortschreiten? Wissenschaft und Technik? Die taten es ohnehin mit wachsender Geschwindigkeit. Aber das hatte, wie etwa die Atomenergie zeigte, mindestens zwei Seiten. Bildung? Sicher, aber was war denn Ziel der Bildung? Die optimale Verwendung in der Wirtschaft? Soziale Gerechtigkeit?

Was war das? Wie erreichte man sie? Bessere Lebensqualität? Wie ließ sie sich messen?

Da hatten es die Simplifizierer leicht, die Fortschritt mit wirtschaftlichem Wachstum gleichsetzten. Das war erreichbar, kam fast von selbst, dazu konnten alle beitragen, das war messbar in Prozenten und Zehntelprozenten. Vielleicht gab es noch anderen Fortschritt, aber dieser war erfahrbar, greifbar, erreichbar. Darauf kam es an. Das leuchtete ein, zuerst auf der Rechten, wo Franz Josef Strauß verkündete, konservativ sein heiße, an der Spitze des Fortschritts zu marschieren.

Das war keineswegs leichtsinnig gesagt, auch nicht einfach Propaganda. Wenn Fortschritt vor allem Wachstum ist, dann fragt sich: Wie schaffen wir maximales Wachstum? Darauf hatten die Marktradikalen, die seit den Achtzigerjahren den Ton angaben, eine klare Antwort: Indem wir die Märkte uneingeschränkt walten lassen, den Staat auf Schutz und Ordnung der Märkte beschränken, ihn zurückdrängen und notfalls aushungern. Sozial ist, was Arbeit schafft. Und Arbeit schaffen die Unternehmen auf ungezügelten Märkten. Der Sozialstaat ist da nur hinderlich. Es waren die Konservativen – genauer: die Strukturkonservativen (siehe »*Wertkonservativ*«) –, die mit der Gleichung Wachstum = Fortschritt am besten leben konnten. Sie wussten, dass es da Gewinner und Verlierer geben musste und sie hofften, bei den Gewinnern zu sein.

Wenn es um Fortschritt ging, konnte die Linke nicht abseits stehen. Wachstum war nötig, hilfreich für Arbeitsplätze und Staatshaushalte. Und wenn dazu Liberalisierung, Deregulierung, Privatisierung nötig waren, warum nicht? Es war das flache, naive, wohl auch verlogene Fortschrittspathos der Marktradikalen, auf das auch manche Sozialdemokraten hereinfielen. Noch mehr allerdings die Kommunisten. Nicht nur die in China. Auch die in Osteuropa. Schon in den Tagen Chruschtschows und Breschnews hatten sie den Fortschritt an wirtschaftlichen Wachstumsraten gemessen. Aber im Westen ging dies viel rascher. War der westliche Weg zum Fortschritt nicht der vernünftigere, der richtige? Kein Wunder, dass sich nach 1990 die Ex-Kommunisten den zugereisten Chicago-boys anvertrauten. Die Flat tax, Traumziel der Marktradikalen, kam in Osteuropa früher als in den USA.

Die Marktradikalen hatten sogar etwas, was den Marxisten-Leninisten bekannt vorkommen musste: Eine Fortschritts-Utopie, die sich als Wissenschaft ausgab: Wenn wir die Märkte ungestört walten lassen, werden schließlich alle reich und glücklich. Sicher erst die Reichen. Aber ihr Reichtum tröpfelt mit der Zeit zu den Armen durch. Alle Bedürfnisse werden einmal befriedigt. Das war die »trickle down«-Theorie.

Bei den Sozialdemokraten blieben Zweifel, schlechtes Gewissen. Aber sie stimmten mancher Privatisierung zu, die sie heute bereuen. Wenn Fortschritt zuerst einmal Wachstum ist, dann muss man eben das Wachstum fördern. Und wenn 95 % aller Ökonomieprofessoren behaupten, dies geschehe am besten durch entfesselte Märkte, was soll man tun als verantwortungsbewusster Stadtrat?

Was soll ein ökonomisch ungebildeter Laie gegen die geballte Macht der »Wissenschaft«? Wer gegen diese neue Unfehlbarkeit anschrieb, musste mit ironisch-herablassenden Rezensionen rechnen.

Durch Jahrzehnte wirtschaftlichen Wachstums und höchst ungleicher Verteilung sind die Menschen nicht zufriedener oder gar glücklicher geworden. Das spricht nicht unbedingt gegen das Wachstum, wohl aber gegen seine Gleichsetzung mit Fortschritt. Jetzt, wo das stolze Gebäude marktradikaler Ideologie in Trümmern liegt und seine Bestandteile preisgibt: Verdeckte Kapitalinteressen, professorale Eitelkeit und publizistischer Konformismus, jetzt wird es Zeit für einen Diskurs darüber, welchen Fortschritt wir wollen. Er muss ansetzen an der Frage, was gelingendes Leben ist, was Menschen brauchen, um ihre Gaben und Möglichkeiten zu entfalten, um miteinander und wohl auch füreinander das Leben lebenswert zu machen.

Immanuel Kant unterschied zwischen einem »habsüchtigen« und einem »kargen« Geiz, also zwischen einem Geiz, der immer mehr haben und einem Geiz, der nichts abgeben will. Im 16. Jahrhundert war der »Geizhals« einer, der den Hals nicht voll bekommen konnte, und sogar beim »Geizkragen« war nicht die Textilie gemeint, die den Hals umgibt, sondern der Hals, der alles verschlingen wollte. Erst im 18. Jahrhundert bekam Geiz auch die Bedeutung, die heute überwiegt. Das französische »avare«, das Molières Komödie den Namen gab, meint bis heute beides: Die unersättliche Lust am Haben und die übertriebene, verkrampfte Sparsamkeit. Ehrgeizig ist auch heute nicht, wer besonders sparsam mit seiner Ehre umgeht, sondern wer nach Ehre »geizt«, also gierig nach Ehrung ist, nach Anerkennung, nach Positionen, nach Geltung.

Beiden Bedeutungen von »Geiz« ist gemein, dass der Geizige kein gelassenes, abwägendes Verhältnis zu den Gütern dieser Welt hat, sondern so darauf fixiert ist, dass er andere Menschen nur noch wahrnehmen kann als Instrumente, mit denen er seinen Reichtum mehrt oder aber als Träger von Gefahren, die diesem Reichtum drohen. Geld und Reichtum werden oberster Wert.

Für Theologen ist dies denn auch Götzendienst. Kein Wunder, dass die katholische Moraltheologie den Geiz – übrigens einschließlich der Habsucht – unter die sieben Todsünden zählt, also unter das, was Menschen von Gott trennen muss.

Die Aufklärung hat den Geiz leichter genommen, aber sie hat ihn verspottet. »Der Geizige« von Molière ist eher lächerlich als böse, aber Lächerlichkeit schreckte inzwischen mehr als Höllenstrafen. Jedenfalls: Sowohl der »habsüchtige« als auch der »karge« Geiz waren in der europäischen Geschichte nie eine Tugend, nie etwas Erstrebenswertes, sondern entweder eine skurrile Unart oder ein Abfall von der Humanität, ein Laster.

Es könnte sein, dass wir uns in einigen Jahren darüber wundern, wie jemals der Slogan »Geiz ist geil« von einem Teil der Gesellschaft übernommen und propagiert, von den anderen fast widerstandslos hingenommen werden konnte. Er zeugte von der Ökonomisierung des Bewusstseins durch marktradikale Parolen. Wenn es stimmte, dass die Gier des Einzelnen zur Wohlfahrt des Ganzen führen musste, dann war es an der Zeit für die Umwertung einiger Werte.

Dass bei dieser Gelegenheit das Adjektiv »geil« in seiner neuen, für Ältere gänzlich ungewohnten Bedeutung herhalten musste, passt zu dieser Umwertung. Manche Lehrerin dürfte Mühe gehabt haben, es als Kompliment zu genießen, wenn Schüler ihr versicherten, sie sei doch »eine geile Lehrerin«. So wandte sich »Geiz ist geil!« vor allem an die Jungen, von denen man annahm, sie würden sich am raschesten von den Vorurteilen europäischer Tradition lösen. Nicht ganz, offenbar. Denn die Finanzkrise hat diesen Slogan wieder verdrängt.

Dürfen wir hoffen, dass »Geiz ist geil« in einigen Jahren als Motto einer heruntergekommenen Gesellschaft abgehakt wird?

Es mag ja stimmen, was wir von vielen Kathedern hören: Gerechtigkeit lässt sich nicht definieren, nicht garantieren, nicht messen und vor allem nicht erzwingen. Ob die Strafe für einen versuchten Totschlag, vom Richter verhängt, gerecht war, beurteilt der Staatsanwalt anders als der Verteidiger. Sogar darüber, ob es sich nicht doch um einen Mordversuch gehandelt hat, wird mit Gründen gestritten. Wird die nächste Instanz das gerechte Urteil fällen? Ob eine Jahresbilanz korrekt ist, lässt sich überprüfen, nachrechnen und feststellen. Was absolut gerecht ist, nicht. Für die Bilanz braucht man Leute, die rechnen können und wissen, was hineingehört, was nicht. Die absolute, über jeden Zweifel erhabene Gerechtigkeit ist Menschen nicht zugänglich.

Das gilt noch mehr für das, was wir »soziale Gerechtigkeit« nennen. Wir werden sie schon deshalb nie erreichen, weil wir uns nie einig werden, worin sie besteht. Die gerechte Einkommensverteilung sähe für einen selbständigen Zimmermann anders aus als für eine Harz IV-Empfängerin, für den Sparkassendirektor anders als für die Ministerialrätin.

Dass die totale Gleichheit, also dieselbe Vergütung für jede Arbeit, wohl nicht gerecht wäre und auch der Wirtschaft nicht gut täte, ist beinahe Konsens. Aber sollen die Vorstände von Konzernen das Zwanzigfache, das Hundertfache oder nur das Fünffache eines Facharbeiters verdienen? Vor dreißig Jahren war das Zwanzigfache üblich, inzwischen reicht oft nicht einmal das Hundertfache. Als Begründung wird meist die »ungleich größere Verantwortung« angegeben. Aber warum verdient dann ein Bundeskanzler nur einen Bruchteil dessen, was ein Bankvorstand für sein angemessenes, ihm zustehendes Salär hält? Ist die Verantwortung eines Bundeskanzlers geringer? Kein Wunder, dass kluge Ökonomen uns sagen: Hört endlich auf mit Eurem Gewäsch über Gerechtigkeit und haltet Euch an das, was der Markt jedem zukommen lässt. Wenn der Markt weniger ungelernte Arbeiter braucht, als sich anbieten, dann sinkt eben der Lohn. Und wenn tüchtige Manager rar sind, dann steigt eben ihre Vergütung. Was der Markt entscheidet, ist eindeutig und präzise, es erübrigt lange Diskussionen. Und im übrigen: der Markt belohnt die Fleißigen, Tüchtigen und bestraft die Faulen, Bequemen.

Das leuchtet allenfalls denen ein, für die einzig das wissenschaftlich Nachweisbare, Definierbare, Messbare Gültigkeit hat. Aber Menschen haben auch Gefühle, Hoffnungen, Bedürfnisse. Und zu diesen Bedürfnissen gehört neben Essen und Trinken auch Anerkennung, Zuwendung, Geborgenheit – und Gerechtigkeit. Es gibt den »Hunger nach Gerechtigkeit«. Er äußert sich weniger in gescheiten Abhandlungen über das, was gerecht wäre, als in einem feinen Gefühl für Ungerechtigkeit. Sicher, auch dieses Gefühl ist subjektiv, bei jedem und jeder wieder etwas anders ausgeprägt. Aber es ist stark, elementar, und es ist nicht umzubringen. Es treibt Menschen um, und wenn es verletzt wird, ist der Mensch verletzt.

Das lässt sich schon im Kindergarten beobachten oder in der Grundschule. Die Lehrerin, die in den Ruf kommt, ungerecht zu sein, weil ihre Zuwendung dem einen Kind mehr als dem anderen gilt, muss um ihre Autorität bangen. Dabei ist es doch nur menschlich, dass ihr der charmante, gescheite und überdies eifrige kleine Bub sympathischer ist als das träge, übergewichtige und überdies uninteressierte Männlein daneben.

Werden die Kinder älter, so lernen sie, dass es auf dieser Welt nie ganz gerecht zugeht, genauer: nie ganz so, wie sie es für gerecht halten. Die ältere Schwester findet immer Gründe dafür, warum sie länger aufbleiben, unbedingt ein Buch oder gar ein Fahrrad braucht und keine Zeit hat, der Mutter im Garten zu helfen.

Schon die Grundschülerin muss damit leben, dass der Vater ihrer Freundin einen »tollen« Mercedes fährt, ihr eigener einen uralten Golf. Dass die Freundin reiten lernen darf, sie nicht, obwohl sie doch eine Pferdenärrin ist. Gerecht findet sie das nicht, aber das hindert sie nicht am freundschaftlichen Umgang. Böse, wütend würde sie, wenn die Mutter der Freundin auch noch eine gesellschaftliche Schranke aufrichten wollte: »Deine Freundin kommt mir nicht ins Haus!« Kinder lernen, dass man mit einer gewissen Portion Ungerechtigkeit leben muss und leben kann. Aber in Grenzen.

So ähnlich funktioniert auch eine Gesellschaft. Sie lernt mit tausenden kleinerer und mittlerer Ungerechtigkeiten zu leben. Nicht jedem wird jeder Wunsch erfüllt. Natürlich hat ein Millionär mehr Möglichkeiten, seine Tochter auf das Abitur vorzubereiten als der Müllwerker. Rebellieren wird dieser erst, wenn er überzeugt ist, dass die Millionärstochter nur deshalb nicht durchgefallen ist, weil die Lehrer den mächtigen Vater nicht verärgern wollten. Das wäre die nicht mehr hinnehmbare Ungerechtigkeit.

Politisch hat es keinen Sinn, sich den Kopf über die absolute soziale Gerechtigkeit zu zerbrechen. Es gibt sie nicht. Politisch zählt die Grenze zwischen der hinnehmbaren und der nicht mehr hinnehmbaren Ungerechtigkeit. So hat fast niemand aufbegehrt, weil ein Manager das Zwanzigfache seiner Arbeiter verdiente. Aber beim 200-fachen fand eine Mehrheit, dies sei unerträglich, zumal dann, wenn dieser Manager, um die Rendite zu erhöhen, Mitarbeiter entlässt. Die Sekretärin fand es in Ordnung, dass ihr Chef ein Vielfaches verdiente. Aber als sie herausfand, dass er weniger Steuern zahlte als sie, weil er jeden Schleichweg an der Steuer vorbei zu nutzen wusste, wurde sie wütend.

Wenn drei Viertel der Deutschen inzwischen überzeugt sind, dass es ungerecht zugeht im Lande, und die meisten zweifeln, ob sich das jemals ändert, dann ist offenbar die Grenze zwischen hinnehmbarer und nicht mehr hinnehmbarer Ungerechtigkeit überschritten. Es ist kein Zufall, dass die Meinungsforscher dies im Jahr 2008 herausfanden, am Ende der marktradikalen Epoche. Wenn nicht nur die Armen, Benachteiligten die Ungerechtigkeit beklagen, sondern fast alle, die sich nicht zu den Reichen rechnen, dann ist Gefahr im Verzug. Keine Gesellschaft hält dies lange durch. Deshalb ist soziale Gerechtigkeit kein Steckenpferd für Sozialromantiker, sondern eine Kernaufgabe der Politik. Überdies eine, die nie erledigt ist.

»Mir ist gegeben alle Gewalt im Himmel und auf Erden!« das sagt – in der Übersetzung Luthers – am Ende des Matthäus-Evangeliums der auferstandene Christus. Warum proklamieren dann christliche Kirchen eine »Dekade zur Überwindung der Gewalt«? Offenbar hat dieses deutsche Wort sehr viele Bedeutungen. Es kommt vom Verbum »walten«. Ein Richter oder auch ein Schiedsrichter »waltet seines Amtes«. Er tut, was ihm, kraft seines Amtes, obliegt. Und das gilt dann. Das ist keineswegs ehrenrührig. Ein An-walt vertritt die Sache seines Mandanten, er waltet seines Amtes, indem er dessen Interessen vertritt. Noch im 20. Jahrhundert begann der Schulunterricht oft mit dem Choral: »Das walte Gott, der helfen kann«!

Das Walten, von dem Gewalt abgeleitet ist, ist etwas Notwendiges, Rechtmäßiges, Hilfreiches, ja Segensreiches. So etwa ist auch die »elterliche Gewalt« gemeint. Sie meint nicht Prügelpädagogik. Das schwingt auch noch mit, wenn wir von der »Gewaltenteilung« im Staat sprechen. Gesetzgebende, ausführende und rechtsprechende Gewalt sollen unabhängig voneinander ihres Amtes walten und ihre Macht gegenseitig begrenzen und kontrollieren. Hier hat Gewalt offenkundig den Sinn von »Macht«. Daher steht im Englischen dafür »power«, im Französischen »pouvoir«.

Aber dann muss im Deutschen das Wort Gewalt auch noch etwas abdecken, wofür alle romanischen Sprachen – und von ihnen übernommen das Englische – ein Wort haben, das vom lateinischen »violare = verletzen« abgeleitet ist. »Violence«, im Französischen und Englischen gleich geschrieben, meint eine Gewalt, die verletzen, manchmal auch töten will. Violence ist rohe, gesetzlose, rücksichtslose, verletzende Gewalt. Und das ist gemeint, wenn die »Überwindung der Gewalt« gefordert wird. Die englischen Kirchen fordern auf »to overcome violence«. Das ist eindeutig. Denn wenn die englische Polizei mit der Schusswaffe Geiseln befreien muss, tut sie dies nicht »by violence«, sondern »by force«. Das Englische – und alle romanischen Sprachen – brauchen kein Adjektiv, um zwischen legitimer und illegitimer Gewalt zu unterscheiden. Die Unterscheidung ist in »force« und »violence« schon enthalten.

Weil das deutsche Wort Gewalt für Gegensätzliches herhalten muss, für segensreiches Walten und für blindwütiges Verletzen und Töten, kann in Deutschland die Überwindung der Gewalt auch so verstanden werden, dass niemand mehr eine Waffe tragen soll, auch nicht Polizei und Militär. Zur Ausbildung der Polizei gehört, »die Verhältnismäßigkeit der Mittel« zu beachten und einzuüben, damit aus force nicht violence wird. Und gerade deutsches Militär ist im 21. Jahrhundert oft damit beschäftigt, das Schießen, die violence, zu beenden oder zu verhindern, und zwar »by force«. Wo aber eine Armee erobernd in ein anderes Land einfällt, ist sicher »violence« im Spiel.

All das lehrt uns die deutsche Sprache nicht. Also müssen wir es lernen, indem wir unseren Sprachgebrauch vergleichen mit dem anderer Völker. Sonst drohen Kurzschlüsse.

Wann haben wir ein schlechtes Gewissen? Wenn wir etwas getan, jemandem etwas angetan haben, von dem wir nachträglich glauben, wir hätten es besser nicht getan. Oder etwas unterlassen haben, was wir ganz sicher hätten tun sollen. Gewissen ist also so etwas wie ein moralischer Stachel, der weh tut, wenn wir uns unanständig, unmoralisch verhalten. Dieser Stachel ist bei Menschen unterschiedlich groß und scharf. Es gibt Leute mit – zumindest scheinbar – immer gutem Gewissen, ja mit einem pathologisch guten Gewissen. Sie haben immer recht getan. Wir meiden sie, so gut es geht.

Aber das Gewissen meldet sich auch, ehe wir entscheiden. Spende ich etwa etwas für »Brot für die Welt«? Und wenn ja, wie viel? Und für Amnesty international? Das Rote Kreuz? Das sind dann Entscheidungen, bei denen kalkuliert, abgewogen, gewertet wird. Das Gewissen, die moralische Instanz spielt leise mit, aber was dabei herauskommt, ist deshalb noch keine Gewissensentscheidung.

Wer morgens, obwohl er noch todmüde ist, sich aufrafft und ins Geschäft geht, tut seine Pflicht. Das hat auch mit Moral zu tun. Mag sein, dass sich auch das Gewissen meldet. Aber eine Gewissensentscheidung ist es nicht.

Wie ist das, wenn eine Parteitagsdelegierte zu entscheiden hat zwischen zwei Kandidaten für den Vorsitz, zwischen einem brillanten, schillernden und einem eher bedächtigen, soliden, zuverlässigen? Auch da mag das Gewissen mitspielen. Aber im Kern geht es um vernünftige Abwägung. Schließlich kann man mit beiden leben, mit beiden Pech haben.

Als der Autor dieses Buches 1966 als Abgeordneter des Deutschen Bundestages über den Eintritt in die erste Große Koalition zu entscheiden hatte, war er lange unentschlossen. Konnte das gut gehen? Für die Partei, für die Demokratie? Musste das nicht die außerparlamentarische Opposition stärken? Schließlich hat er gegen die Große Koalition gestimmt. Sie kam trotzdem, bewährte sich, und später wurde er dort Minister. Sicher, auch beim Ja oder Nein zur Großen Koalition blieb das Gewissen nicht einfach abgeschaltet. Aber es gab nie einen Zeitpunkt, in dem dieses Gewissen gesagt hätte: Nur dies eine ist zu verantworten. Also ging es um eine politische Abwägung. Die Berufung auf das Gewissen wäre missbräuchlich, vielleicht gewissenlos gewesen. Als der Autor dann, acht Jahre später, sein Ministeramt aufgab, ein Ministeramt, das ihn mit Haut und Haaren in Beschlag genommen hatte, als er zurücktrat, weil sein finanzieller Spielraum so eingeengt wurde, dass er nimmer tun konnte, was er meinte tun zu müssen, da war das Gewissen nicht zu überhören: Musst Du nicht ein Zeichen setzen, dass es so nicht geht? Oder musst Du die beschränkten Möglichkeiten des Ministeramtes so gut wie möglich nutzen? Der Rücktritt tat weh, vor allem der Abschied von der Aufgabe, aber auch der Verzicht auf eine weitere Karriere. Es war wohl schon das Gewissen, das den Ausschlag gab. Trotzdem gebrauchte er das Wort nicht, als er seinen Rücktritt begründete. Schließlich ist das Gewissen kein Busch, hinter dem man sich verstecken kann, wenn man des Argumentierens müde ist. Also begründete er genau, was er warum nicht verantworten konnte.

Gustav Heinemann hat bei seinem Rücktritt als Bundesinnenminister 1950 das Wort »Gewissen« nicht vermieden. Er hat gesagt, er könne nicht in einem Kabinett bleiben, dessen Kanzler, ohne mit dem Kabinett oder auch nur den unmittelbar betroffenen Ministern geredet zu haben, fünf Jahre nach Ende des Zweiten Weltkriegs den Alliierten deutsche Soldaten anbot. Hier war das Wort »Gewissen« am Platz. Für Heinemann ging es um das, was wir aus dem Krieg gelernt hatten. Gewissensentscheidungen tun weh. Wer sie trifft, riskiert etwas, bezahlt selbst die Zeche. Heinemann verlor damals nicht nur sein Ministeramt, sondern auch seine Position bei den Vereinigten Stahlwerken. Er war über lange Jahre für viele eine Unperson. Er hat darüber nie geklagt. Und später, als Bundespräsident, hat er niemanden an diese Zeit erinnert. Er ist seinem Gewissen gefolgt. Dass andere dem ihren folgten, verstand sich von selbst. Er hätte nie gesagt, dass die keines hätten.

Wenn das Gewissen sich meldet, unüberhörbar, hartnäckig, dann ist es nicht auf den einen Punkt konzentriert, den es zu entscheiden gilt. Es leuchtet auch das Umfeld aus. Es kann die Weggenossen, Freunde, Anhänger nicht einfach ignorieren. Wer eine Gewissensentscheidung trifft, wird auch gewissenhaft mit denen umgehen, denen er damit einiges zumutet. Er muss versuchen, den Schaden für die Freunde zu begrenzen.

Die hessische Landtagsabgeordnete Dagmar Metzger hat dies nicht getan. Sie hat ihre Fraktion erst – in ihrer Abwesenheit – einen Beschluss fassen lassen, eine Minderheitsregierung mit Duldung der Linkspartei zu wagen, und sie hat diesen Beschluss dann durch ihr Nein umgestoßen. Sie hat also zugelassen – oder bewirkt –, dass ihre Partei erst alle vor den Kopf stieß, die gegen diesen Versuch waren und anschließend alle, die dafür waren. Die Folgen waren verheerend. Waren sie auch Grund für ein schlechtes Gewissen? Von

Metzgers Argumenten taugte im Grunde nur eines, um eine Gewissensentscheidung glaubhaft zu machen: Sie hatte, wie alle anderen auch, vor der Wahl eine Zusammenarbeit mit der Linken ausgeschlossen. Sie wollte, musste daran festhalten. Das leuchtete ein. Die anderen Argumente waren weniger überzeugend. Dass die Familie unter der DDR-Diktatur gelitten hatte, konnte die Abneigung gegen die Linkspartei verständlich machen. Aber ein waches Gewissen fragt auch: Darfst Du aus einer alten Verletzung heraus handeln? Entspricht dies Deiner Verantwortung für die Zukunft?

Koalitionsfragen sind keine Gewissensfragen. 2005 haben alle sozialdemokratischen Bundestagskandidaten gegen Angela Merkel Wahlkampf gemacht. Später haben die meisten von ihnen sie zur Kanzlerin gewählt. Natürlich meldet sich da das Gewissen. Aber wichtiger war wohl die Einsicht, dass das Land schließlich regiert werden musste. Wo das Gewissen nur einen Teil der Wirklichkeit wahrnimmt und alles andere ausblendet, verfehlt es seine Aufgabe. Gewissensverengung ist oft gerade da im Spiel, wo man sich mit Pathos auf das Gewissen beruft.

Dass man nicht von Gewissensentscheidung sprechen kann, wenn jemand plötzlich eine Koalitionsvereinbarung ablehnt, die er selbst ausgehandelt hat – und dies, nachdem er nicht den Posten bekommen hatte, der ihm vorschwebte –, versteht sich von selbst. Man kann auch nicht von Gewissensentscheidung reden, wenn Abgeordnete monatelang offenbar von zwei Seiten unter Druck gesetzt wurden, hin- und herschwankten und im letzten Moment ihre Zusagen brachen. Unsicherheit und Charakterschwäche können durchaus mit Gewissenszweifeln verbunden sein. Das Ergebnis ist deshalb noch keine Gewissensentscheidung.

Wo immer Menschen sich auf ihr Gewissen berufen, ist zuerst einmal Vorsicht geboten, zumal dann, wenn sie sich unter Hinweis auf ihr Gewissen der Diskussion entziehen. Wer wirklich durch sein Gewissen zu einer – meist sehr schmerzhaften – Entscheidung gezwungen wurde, kann durchaus erklären, wie es dazu kam und was dabei wichtig, was unwichtig war. Entscheidungen, für die andere die Zeche zu zahlen haben, sind normalerweise keine Gewissensentscheidungen. Wer seine Meinung gegen andere durchsetzt, macht Politik.

Wo wirklich das Gewissen eine Entscheidung erzwingt, wo ein Mensch einiges aufgibt, weil er wirklich nicht anders kann, weil alles andere seine Identität, seine Selbstachtung zerstören würde, da ist Respekt geboten, sogar dann, wenn das große Wort »Gewissen« gar nicht fällt.

Es gibt sie schon, die aufdringlichen Wohltäter, die gerne über ihre Wohltaten reden und sich freuen, wenn andere verlegen werden. Sie sonnen sich in ihren guten Taten und blicken auf die Vielen herab, die vor allem damit beschäftigt sind, Geld für ihre Familien zu verdienen. Es gibt sie, wenn auch selten.

So konnte es geschehen, dass jemand den Ausdruck »Gutmensch« erfand. Er ist noch gar nicht alt. Er ist nicht gut, sondern böse gemeint: »Lass mich endlich in Ruhe mit Deinen moralinsauren Predigten, ich hab's schwer genug. Erst kommen meine Kinder, dann lange nichts, dann spende ich einmal für die Aidshilfe.«

In den letzten zwanzig Jahren ist das Wort »Gutmensch« in Mode gekommen. Man muss sogar aufpassen, dass einem dieses Etikett nicht angeklebt wird. Es kann jeden treffen, der sich um andere Menschen kümmert. Da kommt schon wieder ein Brief von Amnesty International! Und da ist schon wieder ein Basar von »Brot für die Welt«! Schon wieder eine Frau mit der Sammelbüchse! Diese verdammten Gutmenschen!

Als die Bundesregierung ein zweites Konjunkturpaket schnürte, um der Wirtschaftskrise beizukommen, denunzierte dies ein bekannter Wirtschaftsprofessor als »Wettlauf der Gutmenschen«. Schon das Bemühen, Arbeitsplätze zu retten, ist für den wohlbestallten Herrn »Gutmenschentum«. Schließlich, so doziert er, seien Wirtschaftskrisen dazu da, dass die weniger wettbewerbsfähigen Betriebe ausgeschieden werden. Alles, was diese – auf ganz andere Weise – wohltätige Wirkung des Marktes behindert, ist das naive, pseudomoralische Getue alberner Gutmenschen. Was aus Hunderttausenden von Arbeitslosen werden soll, kümmert ihn nicht. Staatliche Eingriffe in den Markt sind vom Übel, gut gemeint, aber falsch.

Natürlich hat der verärgerte Professor ein gutes Gewissen. Wer, wie er, Gutmenschen verachten gelernt hat, kennt schlechtes Gewissen wohl nur, wenn er gegen seine ökonomische Theorie verstoßen hat. Er kann sich all denen überlegen fühlen, die er als »Gutmenschen« abtut.

Vielleicht liegt hier der Grund für die Karriere dieses Wortes in den letzten Jahrzehnten. Reicht es nicht aus, wenn jeder für sich sorgt? Ist dann nicht für alle gesorgt? Lebt unser Wirtschaftssystem etwa von der Nächstenliebe? Oder doch vom Egoismus? Unsere Wirtschaft wächst nicht durch Wohltäter, sondern durch Egoisten, die sich am Markt behaupten, Marktnischen finden, den Wettbewerbern um eine Nasenlänge voraus sind. Darauf kommt es an, nicht auf die komischen »Gutmenschen«, die sich auf ihre Wohltätigkeit auch noch etwas einbilden!

So wird jeder zum »Gutmenschen«, der sich weigert, am Rattenrennen um die höchste Rendite teilzunehmen. Jeder kann zu diesem Titel kommen, der sich bemüht zu tun, was nötig ist, um eine Gesellschaft zusammenzuhalten. Das Wort hat Karriere gemacht, als Leuchten der Ökonomie der christlichen Ethik bescheinigten, sie sei hoffnungslos überholt und ökonomisch kontraproduktiv. Geht diese Karriere zu Ende, nachdem das marktradikale Kartenhaus eingestürzt ist?

»Du sollst Deinen Nächsten lieben wie Dich selbst« ist ein genialer, uns alle überfordernder Rat. Wer sich einbildet, er lebe ganz danach, natürlich im Gegensatz zur »Masse«, kann wirklich ein anstrengender Zeitgenosse sein. Wo aber als »Gutmensch« verspottet wird, wer anderen helfen will, wird das Zusammenleben unerträglich. Wo »Gutmensch« zum populären Schimpfwort würde, bekäme Margarete Thatcher Recht mit ihrem berühmten Satz: »There is no such thing as society«.

Wo im politischen Streit das Substantiv »Ideologie« oder das Adjektiv »ideologisch« fällt, ist dies immer ein Vorwurf, und zwar ein bequemer und ziemlich gedankenloser. Er hat nichts zu tun mit dem, was die Wissenschaft »Ideologie« nennt.

Dort ist Ideologie ein in sich geschlossenes und schlüssiges System von Ideen und Wertungen zur Interpretation der Wirklichkeit, hinter dem meist Interessen stehen. So war der Marxismus-Leninismus eine Ideologie, die auf jede Frage die korrekte Antwort hatte. Dagegen war der Nationalsozialismus eher ein wirres Konglomerat aus Bruchstücken älterer Ideologien, die sich manchmal sogar in die Quere kamen. So etwa die Rassenideologie und der Nationalismus. War ein kleingewachsener, schwarzhaariger Alemanne ein Deutscher zweiter Klasse gegenüber dem großen, blonden Ostfriesen? Es gab durchaus Rassenfanatiker, die dies so sahen, sogar Lehrer, die dies ihre dunkelhaarigen Schülerinnen oder Schüler spüren ließen. Aber offizielle Lehre wurde es nicht, einmal, weil dies ja die »Volksgemeinschaft« gespalten hätte, zum anderen, weil sogar unter den Oberen des NS-Staates nur einer, Reinhard Heidrich, dem Idealbild des nordisch-germanischen Helden entsprach.

Dagegen ist – oder war – der Marktradikalismus eine in sich schlüssige Ideologie, die mit dem Marxismus-Leninismus gemein hatte, dass beide sich als Wissenschaft ausgaben. Der Marktradikalismus hatte sein Menschenbild, den homo oeconomicus, er hatte – zumindest in der publizistischen Darstellung – seine Utopie, die Überwindung von Armut und Mangel, und er hatte seine populären Kurzfassungen wie

»Privat geht vor Staat«.

Im politischen Alltag ist Ideologie fast immer das, was der andere, der Gegner denkt. Selbst ist man »Pragmatiker«, beruft sich auf den »gesunden Menschenverstand«, steht felsenfest auf dem »Boden der Realität« oder beruft sich gar auf »die Wissenschaft«. Man bedauert, dass der Gegner leider einer Ideologie aufgesessen sei, die man allerdings nicht genau benennt, wohl auch nicht benennen könnte.

Dass der Vorwurf der Ideologie mehr von rechts nach links als von links nach rechts erhoben wird, hat wohl damit zu tun, dass konservatives Denken eine lange Tradition hat, sich für seine Träger von selbst versteht, von Generation zu Generation weitergereicht wird, während von links immer wieder Neues, Ungewohntes, Befremdliches zu hören ist. Links sind Ideologien auch nichts von Hause aus Schlimmes, Verwerfliches, sondern etwas, was sich in jeder Gesellschaft bildet. Rechts überwiegt die Ideologie von der eigenen Ideologielosigkeit.

Wer, wie der Autor, schon in den frühen Siebzigerjahren zum Thema Ökologie das sagte, was inzwischen die bravsten Spatzen von den normalsten Dächern pfeifen, galt schlicht als Ideologe. Bis heute übrig geblieben ist davon, dass, wer gegen Atomenergie argumentiert, sogar in seriösen Gazetten der Ideologie bezichtigt wird, während die Befürworter reine Pragmatiker sind. Dabei geht es bei diesem Streit letztlich um die Pflicht eines jeden Staates, für die Sicherheit seiner Bürger zu sorgen.

Wo marktradikale Ideologie verinnerlicht worden ist, gilt jeder, der die Vertiefung der Kluft zwischen arm und reich als Ergebnis der Marktkräfte achselzuckend hinnimmt, als Pragmatiker, wer den Staat in der Pflicht sieht, den Ausgleich wenigstens anzustreben, ist rasch ein Ideologe. Allerdings einer, der den Vorwurf zurückgibt. Dabei kann er sich sogar auf das Grundgesetz berufen.

Wo zwei Ideologien sich streiten, also Menschen, die sich zu ihrer Ideologie bekennen oder doch zumindest wissen, wo ihre geistigen Grundlagen sind, wissen, dass es auch andere gibt und geben muss, kann man der Wahrheit näher kommen. Wo pausbäckig die Ideologie von der eigenen Ideologielosigkeit vertreten und die Ideologie des anderen denunziert wird, muss jede Auseinandersetzung ohne Ergebnis bleiben, steril, polemisch oder gar verletzend werden.

Daher wäre es gut, wenn alle, die von Ideologie reden, auch sagen könnten, welche sie meinen. Und wenn alle gelegentlich darüber nachdenken wollten, welche Ideologien in ihr eigenes Denken einfließen. Dann würde nicht mehr einfach als Ideologie abgetan, was man nicht oder noch nicht versteht.

Koalitionen, ob groß oder klein, werden gebildet, damit das Land regiert werden kann, auch wenn keine Partei eine (absolute) Mehrheit erreicht hat. Da in Deutschland keine Partei mehr die Chance hat, im Bund eine solche Mehrheit zu erringen, leben wir mit Koalitionen, kleinen und großen, eines Tages sogar solchen mit drei Fraktionen.

In jeder Koalition tut der größere Partner, der den Kanzler (oder die Kanzlerin) stellt, gut daran, den (oder die) kleineren pfleglich zu behandeln. Vielleicht könnte ein junger Historiker einmal nachzeichnen, mit wie viel Geduld, Aufmerksamkeit und Freundlichkeit der Kanzler Willy Brandt seinen eigenwilligen, manchmal bockigen Landwirtschaftsminister Josef Ertl von der FDP umworben hat, weil ohne den Urbayern und seine Freunde vom rechten Flügel der FDP eben nichts lief.

Kein Koalitionskanzler hat daher das, was manche sich unter einer »Richtlinienkompetenz« vorstellen. Natürlich hat Brandt alle wichtigen Vorhaben seiner Regierung vorher mit Walter Scheel, seinem Außenminister und Hans-Dietrich Genscher, seinem Innenminister, (beide FDP), beraten und abgesprochen. Was die beiden definitiv nicht wollten, ging eben nicht.

Das gilt natürlich noch mehr, wenn zwei praktisch gleich starke Fraktionen eine »Große Koalition« schließen, in der die eine das Kanzleramt besetzt, die andere die wichtigsten Ministerien (Außen, Finanz). Kein Kanzler kann gegen den Finanzminister regieren.

Trotzdem ist jede Regierung, auch die einer Großen Koalition, ein Verfassungsorgan, vielleicht sogar das wichtigste. Und ein Verfassungsorgan muss gegenüber den anderen Verfassungsorganen einen eigenen, klar umrissenen, erkennbaren Willen haben. Beim Parlament kommt dieser Wille nach langer und manchmal harter Diskussion durch Abstimmung zustande. Dies gilt manchmal auch für das Verfassungsgericht, mit dem Unterschied, dass die Diskussion dort nicht öffentlich stattfindet.

In einer Regierung wird ganz selten abgestimmt. Das federführende Ministerium trägt vor, und wenn es sich vorher mit den anderen beteiligten Ressorts abgesprochen hat, wird ohne Aussprache beschlossen. Wo Differenzen bleiben, ergibt sich eine Diskussion. Am Schluss fasst der Kanzler (die Kanzlerin) zusammen und schlägt vor, was zu beschließen sei, meist die ursprüngliche Vorlage, möglicherweise mit einigen Korrekturen. Oder der Kanzler bittet die Ressorts, sich zu verständigen und baldmöglichst einen Beschlussvorschlag ins Kabinett zu bringen. Kampfabstimmungen werden tunlichst vermieden. Allenfalls wird einmal ein renitentes Ressort überstimmt. Wollte eine Partei die andere überstimmen, wäre die Koalition zu Ende.

Auch in einer parlamentarischen Demokratie haben die Bürgerinnen und Bürger einen Anspruch darauf, ordentlich regiert zu werden, und zwar von einer Regierung, die einen eigenen, gemeinsamen Willen hat. Dies setzt voraus, dass Gegensätze und Differenzen zwischen den Ressorts und den Koalitionsparteien – und beides ist unvermeidlich – nicht in der Öffentlichkeit ausgetragen werden.

Die öffentliche Auseinandersetzung findet im Parlament statt. Dazu ist es da. Die Bürgerinnen und Bürger sollen wissen, was die Parteien wollen und wie sie es begründen. Das gilt auch für den Bundesrat. Es muss klar sein, welches Bundesland für, welches gegen ein Gesetz gestimmt hat.

Für die Regierung gilt dies nicht. Der Regierungssprecher berichtet nicht, welche Ministerin sich für, welche gegen einen Gesetzentwurf ausgesprochen hat, sogar wenn eine Ressortchefin ihre Bedenken zu Protokoll gegeben hat. Er erläutert den Willen des Verfassungsorgans Bundesregierung.

Dass Minister sich öffentlich zanken, gar gegeneinander polemisieren, war in den ersten fünfzig Jahren der Bundesrepublik nicht üblich. Auch in anderen europäischen Demokratien gilt dies als Unsitte, übrigens als eine, die auch von den Wählern bestraft wird. Dass ein Minister permanent etwas fordert, was die Regierung verwirft, galt bislang als Vorspiel für sein Ausscheiden, sei es durch Rücktritt oder Entlassung.

Zwar besteht die Richtlinienkompetenz eines Regierungschefs in einer Koalition, ganz zuletzt in einer Großen, nicht darin, dass er kommandieren kann, was zu tun ist. Wohl aber darin, Regeln zu setzen und durchzusetzen, die dem Ansehen und der Autorität der Regierung dienen. Etwa, dass sich Ressortchefs, ganz gleich von welcher Partei, nicht öffentlich bekriegen. Oder dass, was nicht im Koalitionsvertrag geregelt ist, erst einmal intern, nicht öffentlich erörtert wird. Oder dass kein Minister öffentlich gegen Kabinettsentscheidungen polemisiert. Solche Regeln sind für eine Große Koalition noch wichtiger als für eine kleine.

In der ersten Großen Koalition mit Kanzler Kiesinger gab es diese Regeln, in der zweiten mit der Kanzlerin Merkel gab es sie nicht. In der Regierung Merkel haben die Minister – und, was schlimmer ist, die Kanzlerin selbst – getan, was nur Parlamentariern zusteht: Sie haben versucht, sich auf Kosten der anderen Partei zu profilieren. Der öffentliche parlamentarische Streit wurde in der Regierung fortgesetzt, ja in die Regierung verlagert, nur mit dem Unterschied, dass man am Schluss nicht abstimmen konnte, sondern sich zusammenraufen musste. Was dabei herauskam, war keineswegs immer schlecht. Aber jeder konnte nachrechnen, welche Partei sich in welchem Punkt durchgesetzt hatte. Alles wurde zur Prestigefrage. Erkennbar war der Wille der Koalitionsparteien, auch der bayerischen CSU, die gar keine Fraktion bildete, nicht aber des Verfassungsorgans Bundesregierung.

Nach der ersten Großen Koalition, bei der Bundestagswahl 1969, erhielten die beiden Koalitionsparteien zusammen etwa 90 % der Wählerstimmen. Nach der zweiten, 2009, dürften es zwischen 60 und 70 % sein. Sollt es je zu einer dritten kommen, könnten beide daraus lernen.

Hermann Göring soll einmal geprahlt haben: »Wer Jude ist, bestimme ich!« Wer Kommunist war, bestimmte Josef Stalin. Konnte es im NS-Staat einem das Leben retten, wenn er nicht als Jude eingestuft wurde, so war es schon fast ein Todesurteil, wenn die Schergen Stalins bei einer der vielen Säuberungen zum Ergebnis kamen: Das ist kein richtiger Kommunist. Und es war nicht leicht, all den möglichen Anklagen zu entkommen: Trotzkist, Rechtsabweichler, Linksabweichler, Menschewik. Und so fort.

Nach Stalins Tod 1953 war kommunistische Rechtgläubigkeit meist nicht mehr eine Frage von Leben und Tod, wohl aber der Schlüssel zur Karriere. Immer noch definierte der Parteitag, und zwischen den Parteitagen das ZK und das Politbüro der Partei, was jeweils der rechte Glaube war. Erst in den Achtzigerjahren, als manche spürten, dass es zu Ende ging, begann zaghaft eine Diskussion darüber, was den richtigen Kommunisten ausmache.

In dieser Zeit saßen sich gelegentlich am Scharmützelsee oder im Schwarzwald die Grundwertekommission der SPD und die Akademie für Gesellschaftswissenschaften beim ZK der SED zu Grundsatzgesprächen gegenüber. Sie haben schließlich, Ende August 1987, ein gemeinsames Papier vorgestellt mit dem Titel: »Der Streit der Ideologien und die gemeinsame Sicherheit«. Damit ganz klar wurde, worum der Streit ging, durften beide Seiten in diesem Papier ihre Position selbst definieren. Die für Ideologie zuständigen SED-Intellektuellen haben dies so getan:

»Für Marxisten-Leninisten ist Demokratie als Form der Machtausübung in ihrem Wesen durch die Eigentumsverhältnisse an den entscheidenden Produktionsmitteln und damit verbundenen politischen Macht geprägt. Daher ist für sie die Überführung der wichtigsten Produktionsmittel in Gemeineigentum und die politische Macht der Arbeiterklasse im Bündnis mit anderen Werktätigen das Fundament umfassender demokratischer Rechte. Sie verstehen Demokratie vor allem als die reale Mitwirkung der Werktätigen an der Leitung und Gestaltung der Wirtschaft und Gesellschaft und die Kontrolle darüber.«

Dies dürfte die letzte seriöse und redliche Selbstdefinition von Kommunisten sein. Sie enthält vier Festlegungen:

1) Ein Kommunist ist ein Marxist-Leninist, also jemand, der zum Sowjetsystem steht, wie Lenin es errichtet hat.

2) Ein Kommunist verlangt die Sozialisierung »der wichtigsten Produktionsmittel«, wobei die Partei entscheidet, was wichtig ist.

3) Entscheidend für den Kommunisten ist »die politische Macht der Arbeiterklasse«, also das, was sonst auch die »Diktatur des Proletariats« genannt wurde, ausgeübt durch die Partei der Arbeiterklasse, die Kommunistische Partei.

4) Demokratie ist da, wo »die reale Mitwirkung der Werktätigen an der Leitung und Gestaltung der Wirtschaft und Gesellschaft und die Kontrolle darüber« gesichert ist. Da dies notwendig über die Partei läuft, bedeutet Demokratie die permanente Vorherrschaft der Kommunistischen Partei.

Vielleicht wundert sich mancher, dass diese Selbstdefinition erst gut 20 Jahre alt ist. Würde man sie im Jahr 2009 den ehemaligen SED-Mitgliedern vorlegen, nur ein winziger Bruchteil würde sie als eigene Überzeugung gelten lassen. Das Experiment: Sozialisierung plus Diktatur des Proletariats ist so gründlich gescheitert, dass es auch die vorher Linientreuen nicht wiederholen möchten. Sogar die wenigen, die sich selbst noch als Kommunisten bezeichnen, hätten einige Schwierigkeiten mit diesem Text.

Natürlich lässt sich diese Selbstdefinition von Kommunisten mit dem Grundgesetz nicht vereinbaren. Macht wird nach unserer Verfassung nicht ein für allemal zugeteilt, sondern durch das Votum der Bürgerinnen und Bürger auf Zeit delegiert. Wer zum Grundgesetz steht, kann kein Kommunist im Sinne dieser Selbstdefinition sein. Daher sind Kommunisten Einzelgänger geworden, verbitterte, manchmal auch verwirrte, oft auch verstummte Einzelgänger, die in dem Glauben sterben wollen, doch Recht gehabt zu haben.

Sieht man von allen Definitionen ab, so war bis 1989 ein Kommunist, wer das Gesellschafts- und Herrschaftssystem des Ostens dem des Westens vorzog. Nachdem das kommunistische System an den eigenen Mängeln zugrunde gegangen war, wurde aus dem »real existierenden Sozialismus« ein real nicht existierendes Phantombild. Wer sich auf etwas beruft, was sich selbst zugrunde gerichtet hat, kann damit vielleicht verzweifelt seine Identität verteidigen, Politik machen kann er damit nicht mehr. Und eine politische Partei auf dieser Basis ist nicht mehr existenzfähig. Darum gibt es sie auch nicht.

Kurz: Wer ernst nimmt, was der Kommunismus einmal war, wie er sich verstand und was er wollte, wird heute nicht dazu neigen, jeden linken Sektierer einen Kommunisten zu nennen. Und er wird vor allem nicht mehr in Furcht erstarren, wenn von Kommunismus die Rede ist. Hinter jedem Kommunisten im Westen stand vor 1990 noch eine Weltmacht. Heute stehen hinter ihm noch ein paar verirrte Linke, nicht einmal die Partei, die sich »die Linke« nennt.

Der Kommunismus als geschichtliche Kraft ist tot. Der Antikommunismus hat ihn überlebt. Aber irgendwann wird er auch sterben.

1. Im Großen Brockhaus von 1990 steht lapidar: »Krieg: bewaffnete Auseinandersetzung zwischen Staaten.« Krieg hat also immer mit Staaten zu tun. Daher ist Bürgerkrieg »der innerhalb eines Staates mit Waffen ausgetragene Machtkampf ...« Im Bürgerkrieg geht es also um die Macht in einem Staat, und zwar mit Mitteln, die in keiner Verfassung vorgesehen sind: mit der Gewalt der Waffen.

Aber schon vor zwei Jahrzehnten gab der Brockhaus zu bedenken, dass die Begriffe sich verwischen. »In Abhebung von spontanen, unorganisierten Unruhen, Terror- und Guerillaaktionen, Massenmorden, Militärputschen, widerstandslos hingenommenen Besetzungen ... ist die begriffliche Bestimmung von Krieg schwieriger und die Abgrenzung von anderen Erscheinungsformen kollektiven Gewalthandelns unschärfer geworden.« Diese »Unschärfe« ist inzwischen einem Wirrwarr der Begriffe gewichen.

Weltpolitisch relevant wurde dies, als George W. Bush am 12. September 2001 den »war on terrorism« verkündete. Der US-Präsident erklärte einer Gruppe von Leuten den Krieg, die ganz sicher keinen Staat bildeten, die für kein Territorium verantwortlich waren, von denen niemand wusste, wo sie sich gerade aufhielten, die aber imstande waren, die Türme des Welthandelszentrums in sich zusammenfallen zu lassen.

Plötzlich wurde ein Terrorist, der sich vermutlich irgendwo in den Bergen zwischen Afghanistan und Pakistan versteckte, der Gegenspieler des amerikanischen Präsidenten, plötzlich wurde ein Verbrecher – was am 11.9.2001 geschah, war ein überdimensionales Verbrechen – zum Krieger befördert. Das Pentagon, also das Militär, erhielt den Auftrag, Verbrecher zu jagen. Wer die Verbrecherjagd als Krieg versteht, muss dann auch den wirklichen Krieg als Verbrecherjagd inszenieren. Das geschah im Irak mit Fahndungsliste, Kopfgeld, Gericht und Galgen. Das Kriegsrecht blieb dabei notwendig auf der Strecke, wie Guantanamo oder Abu Ghraib zeigten.

Es ist also nicht gleichgültig, ob man einen Ausbruch von Gewalt als Krieg bezeichnet. Dass die meisten Amerikaner den unsinnigen, unnötigen, durch nichts zu rechtfertigenden Krieg im Irak begrüßt oder doch hingenommen haben, hat mit dem »war on terrorism« zu tun. Man war ja schon im Krieg. »We are at war«, sagte Bush. Da kam es auf etwas mehr oder weniger Krieg nicht an. Dass es heute mehr Terroristen gibt als 2001, ist eine Folge der Fehlentscheidung vom 12. September. Bis dahin war der Selbstmordattentäter ein Kennzeichen palästinensischen Widerstands gegen eine übermächtige israelische Armee gewesen. Inzwischen fürchtet auch Europa sich vor Selbstmordattentätern, gegen die es keinen verlässlichen Schutz gibt.

Führen die deutschen Soldaten in Afghanistan Krieg? Wer dies schon daraus schließt, dass immer wieder Soldaten durch Selbstmordattentate umkommen, wird eines Tages vor die Frage gestellt sein, ob auch in Deutschland Krieg herrscht, weil in Leipzig oder Nürnberg Opfer einer solchen Wahnsinnstat zu beklagen sind.

11. Der größte Teil der Gewalt (violence), die heute vor allem die Schwächsten, Kinder und Frauen trifft, geschieht weit jenseits dessen, was der Brockhaus als Krieg oder Bürgerkrieg definiert. Kriege zwischen Staaten werden immer seltener. Und wo Milizen oder Banden wüten, geht es meist

gar nicht um die Macht in einem Staat, sondern um die Abschaffung des Staates. Warlords in Afrika oder Zentralasien wollen nicht, wie Revolutionäre, einen anderen Staat, sie wollen gar keinen, denn jeder Staat könnte nur ihre Macht und vor allem ihre Geschäfte stören oder gar verhindern. Sogar da, wo die bewaffneten Banden sich »Rebellen« nennen, wollen sie meist keine andere staatliche Ordnung, sondern Raum für die Herrschaft ihrer Kalaschnikow. Ein Warlord ist meist nicht nur Kommandeur einer Söldnertruppe, sondern auch lokaler Diktator und vor allem Unternehmer, meist Händler, und zwar Händler jenseits aller Gesetze. Ganz gleich, ob dabei mit Drogen, Koltan, Diamanten oder aber auch mit Menschen oder gar menschlichen Organen gehandelt wird, in jedem Fall müssen die Söldner bezahlt werden. Stockt die Bezahlung, so holen sich die Söldner, was sie brauchen, durch Plünderung. Diese Banden haben meist kein Interesse, gegeneinander zu kämpfen, sie halten sich schadlos an unbeteiligten Zivilisten. Da Kinder billiger sind als erwachsene Söldner, werden Kindersoldaten rekrutiert. Sie werden oft vorgeschickt, wo es gefährlich werden könnte.

Solange wir noch der Überzeugung sind, dass zur Zivilisation Staaten gehören, die Recht setzen und Recht durchsetzen, also Mord verbieten und bestrafen, handelt es sich hier um Kriminalität, nicht um Krieg. Daher spricht vieles gegen die Bezeichnung »Neue Kriege« für nahezu jeden Gewaltausbruch. Solange wir die Organisationsform des Staates für normal, angemessen und nötig halten, sind die Mörder in Ruanda oder im Ostkongo keine Krieger, sondern Verbrecher. Wer hier von »Neuen Kriegen« spricht, hat das staatliche Gewaltmonopol bereits abgeschrieben.

In den meisten Fällen, in denen heute Menschen unter Gewalt (violence) zu leiden haben, entsteht ein Zustand, der weder Krieg ist noch Frieden. Solange wir dafür noch kein neues Wort gefunden haben, scheint es ratsam, einfach von Gewalt, und zwar entstaatlichter, privatisierter und meist auch kommerzialisierter Gewalt zu sprechen. Wo sie sich breit macht, herrscht sicher kein Friede, aber eben auch kein Krieg, sondern ein Zustand, der sich allen Gesetzen entzieht, auch denen des Krieges, ein Zustand, mit dem sich eine zivilisierte Menschheit auf keinen Fall abfinden kann. Sie muss ihn überwinden durch ein staatliches Gewaltmonopol, das dem Recht unterworfen ist, sei es im Nationalstaat oder, wo es keinen handlungsfähigen Staat mehr gibt, durch ein internationales Gewaltmonopol. Das bedeutet, dass die Völkergemeinschaft da eingreifen muss, wo durch den Zerfall eines Staates die Menschen nicht frei, sondern Freiwild werden.

Es gibt also handfeste politische Gründe, die gegen den inflationären Gebrauch des Wortes »Krieg« sprechen. Im Krieg geht es entweder um ein Kräftemessen zwischen Staaten – und dies wird im 21. Jahrhundert seltener, weil meist auch der Sieger mehr verliert als gewinnt – oder, im Bürgerkrieg, um einen bewaffneten Konflikt um die Macht in einem Staat. Vielleicht haben wir für die chaotische Gewalt, die mit alledem nichts zu tun hat, noch keine angemessene, anerkannte Begrifflichkeit. Wer von Krieg spricht, wo es um Verbrechen geht, wandelt auf den Spuren des George W. Bush. Er hat, wie Bush, entweder vergessen oder nie begriffen, was ein Staat ist.

Noch nie hat jemand eine Leistung »getragen«. Leistungen werden erbracht, manchmal sogar vollbracht, nie getragen. Trotzdem gibt es seit ein paar Jahrzehnten »Leistungsträger«. Allerdings nur, wenn es um Steuern geht, genauer: um Steuersenkungen. Sollen Steuern erhöht werden, gibt es »Arme« und »Reiche«, »schwache« und »starke Schultern«. Sollen sie gesenkt werden, verwandeln die Reichen sich in Leistungsträger. Das stimmt allerdings nicht ganz. Leistungsträger sind, je nach Perspektive, ganz verschiedene Leute. Spricht ein Sozialdemokrat davon, dann sind es Facharbeiter, Ingenieure, Lehrer, Klinikärzte. Preist ein Wirtschaftsberater die Leistungsträger, dann sind auch Chefchirurgen, Zahnärzte, Manager, Banker und Börsenspekulanten gemeint. Gemeinsam suggerieren sie: wer schon so viel an Leistung »trägt«, sollte nicht weiter belastet werden.

Leistungsträger zahlen Steuern. Sonst könnte man nicht ihre Entlastung fordern. Wer keine Steuern zahlt, ist kein Leistungsträger. Die Rentnerin, die rund um die Uhr ihren kranken Mann versorgt, bis sie selber krank wird, ist keine Leistungsträgerin, denn sie zahlt von der gemeinsamen Rente keine Steuern. Ähnlich geht es der alleinerziehenden Mutter, die, um ihre drei Kinder durchzubringen, putzen geht und trotzdem dafür sorgt, dass die Kleinen immer satt, richtig ernährt, sauber gewaschen sind und sich, von der Oma behütet, unbändig freuen, wenn die Mama von der Arbeit kommt. Die Freibeträge dieser Familie sind höher als der Lohn.

Zum Leistungsträger gehört also ein Einkommen, das der Lohnsteuer oder der Einkommensteuer unterliegt, damit also ein Mindestmaß an wirtschaftlichem Erfolg. Die knappe Hälfte der Deutschen, die keine Einkommensteuer bezahlen, »tragen« daher keine Leistung. Das spricht eher für eine Erfolgsgesellschaft als für eine Leistungsgesellschaft.

Wir wollen einmal die »Leistungsträger« außen vor lassen, die uns in die Finanzkrise verstrickt, unzählige Milliarden verpulvert haben, die Bankmanager, die zwar das Zehnfache eines Bundeskanzlers verdienten, aber nicht genau wussten, was sie in ihren Tresoren hatten. Oder den Konzernchef, der zwar die Übernahme seines Konzerns durch einen anderen nicht verhindern konnte, sich dafür aber eine Abfindung zahlen ließ, von deren Zinsen man das halbe Bundeskabinett besolden könnte. Lassen wir die beiseite, bei denen der finanzielle Erfolg die Leistung bei weitem übertrifft. Sie interessiert ohnehin nur der Spitzensatz der Einkommensteuer.

Bleiben wir bei dem, was oft auch mit dem – etwas altmodischen – Begriff »Mittelstand« belegt wird, also dem Angestellten, dessen Gehalt etwas über dem Durchschnitt liegt, der keine Lust auf Extravaganzen hat und daher gut leben, auch etwas zurücklegen kann, der hofft, eines Tages mit Frau und zwei Kindern in den eigenen vier Wänden zu wohnen. Es stimmt schon, dass jede Gesellschaft eine solche »Mitte« braucht. Nur: Genau diese Mitte schrumpft. Nicht, weil sie weniger leistet, sondern weil sie weniger Erfolg hat. Sie hat weniger Erfolg, weil in der marktradikalen Epoche nur die reicher geworden sind, die schon genug hatten. Die nicht so Reichen, keineswegs nur die Armen, sind eher ärmer geworden. Nicht, weil der Staat ihnen mehr abgeknöpft hätte, sondern weil ihre Löhne und Gehälter langsamer gestiegen sind, viel langsamer als die Renditen. Sicher, diese schrumpfende Mitte, deren Kinder sich von einem Praktikum zum anderen hangeln, freut sich über jeden Hunderter, der für den Urlaub übrig bleibt. Daher kann man es den Volksparteien auch nicht verübeln, wenn sie sich um diese schrumpfende Mitte kümmern. Aber braucht es dazu das dehnbare, interpretierbare, anbiedernde Wort »Leistungsträger«? Werden damit nicht Millionen Frauen und Männer – mehr Frauen als Männer – ausgeschlossen, abgewertet?

Unsere Gesellschaft – und unser Staat – leben davon, dass viel, sehr viel geleistet wird, mit mehr oder weniger finanziellem Erfolg, häufig ohne jede Vergütung. Ohne dass Mütter oder Väter nachts viermal aufstehen und nach ihren unruhigen Säuglingen sehen, gäbe es uns alle gar nicht. Wer in einer solchen Gesellschaft »Leistungsträger« steuerlich entlasten will, muss damit rechnen, dass die Zahl derer, die er damit anspricht, kaum größer ist als die der Frauen und Männer, die er damit beleidigt. Geht es nicht auch ohne dieses peinliche, zu einem durchsichtigen Zweck erfundene Wort?

Einst, vor hundert Jahren, war alles noch ganz einfach: Wer rechts war, wollte bewahren, nicht verändern, orientierte sich am Hergebrachten, an der Tradition, wer links war, wollte fortschreiten, Neues, Besseres wagen. Für Linke bedeutete Veränderung fast immer Fortschritt, für Rechte meist nur Abfall vom Bewährten, Richtigen, Guten und Gottgewollten, von Monarchie und Kirche, von Thron und Altar.

Anders in den Siebzigerjahren des letzten Jahrhunderts: Als die Ökologie zum Thema wurde, ging es offenkundig um Bewahren, um das Bewahren der natürlichen Grundlagen unseres Lebens. Aber die Diskussion begann nicht bei den Konservativen, nicht rechts, sondern links, parteipolitisch sogar auf der linken Seite der Linken, in zwei Landesverbänden der SPD, die damals als links galten, dann in einer ursprünglich sehr linken Partei, in die manches von der Studentenrevolte eingeflossen war, bei den Grünen. Die politisch Konservativen hatten dafür nur Spott übrig. Oder sie argwöhnten – wie George W. Bush in seiner ganzen Amtszeit – hier hätten die Linken sich eine besonders raffinierte Methode ausgedacht, der Freiheit des Marktes den Garaus zu machen. Diese überraschende Verkehrung der Fronten und der Versuch, sie zu verstehen, führte auch zu der Unterscheidung zwischen wert- und strukturkonservativ (siehe »*Wertkonservativ*« S. 187).

Als dann auch noch Franz Josef Strauß verkündete: »Konservativ sein heißt, an der Spitze des Fortschritts marschieren!« zogen manche Beobachter den Schluss, mit der Unterscheidung zwischen links und rechts sei nichts mehr anzufangen, sie sei überholt, unbrauchbar. Aber das stimmt nun auch wieder nicht.

Da sind nach wie vor gegensätzliche Interessen. Rechts stehen die wirtschaftlich Mächtigen, alle, die viel zu verlieren haben, links die Leute, die sich oft ohnmächtig fühlen und jeden Euro mit Arbeit verdienen müssen. In einer Zeit, in der die Kapitaleinkünfte rasch zunehmen auf Kosten der Einkommen aus Arbeit, müsste es linke Politik sein, die Kapitaleinkommen stärker, die Löhne weniger zu besteuern. Wenn ein global agierendes, global investierendes – oder auch nicht investierendes – Kapital dies verhindert, indem es mit Investitionsverweigerung oder gar Flucht in Steuerparadiese droht, macht es linke Politik schwierig, ja zu einem halsbrecherischen Unternehmen. Wer auf der Linken nicht mehr zu tun wagt, was er für gerecht hält, verliert Vertrauen, ganz gleich, ob er seine Ohnmacht einräumt oder vertuscht. Der Gegensatz zwischen Kapital und Arbeit ist zwar längst nicht mehr so dominant wie zu Zeiten des Karl Marx, aber es gibt ihn noch.

Verantwortliche linke Politik wird immer versuchen, Hilfe für die Schwächeren in Einklang zu bringen mit dem Wohl des Ganzen, also auch einer florierenden Wirtschaft. Weil dies im Nationalstaat nur noch selten gelingt, hat die Linke schon bessere Zeiten gesehen.

Weil der Nationalstaat angesichts globalisierter Kapitalmärkte erpressbar geworden ist, müssen Linke auf die internationale Gemeinschaft setzen, also die UNO, möglicherweise einen handlungsfähigen Wirtschafts- und Sozialrat, vor allem aber auf Europa, die Europäische Union.

Dass die Europäische Union immer größer wird, hat bei allem Streit den Vorteil, dass hier ein Gebilde entsteht, das sich nur noch schwer erpressen lässt. Kein Konzern wird ernst genommen mit der Drohung, er wolle diesen Markt nicht mehr von innen bedienen. Er wird in der EU zu den Bedingungen investieren, welche die EU politisch festlegt, sobald sich die Regierungen der EU-Mitgliedstaaten darauf einigen.

Die Europäische Union war konzipiert als Europäische Wirtschaftsgemeinschaft (EWG), also als gemeinsamer Markt, nicht als gemeinsamer Staat. Ob das, was sich schließlich herausbildet, von Staatsrechtlern das Prädikat »Staat« erhält, interessiert politisch nicht. Wohl aber die Frage, ob dieses Europa in der Lage sein wird, dem global agierenden Kapital einen Rahmen zu zimmern, der so stabil ist wie einst die nationalstaatlichen, die nun zum guten Teil als Brennholz herumliegen. Das wird noch lange dauern, nach der Finanzkrise vielleicht nicht mehr ganz so lange, wie es vorher zu befürchten war. Jedenfalls: Links ist europäisch. Wer so tut, als müsse man nur im Nationalstaat alles so machen wie die Sozialliberalen in den Siebzigerjahren, ist nicht links, sondern populistisch, vielleicht sogar reaktionär.

In Deutschland der Hohenzollernkaiser, aber auch noch in den ersten beiden Jahrzehnten der Bundesrepublik, war wohl eine Mehrheit der Meinung, die Rechten hätten den Umgang mit Macht, das Regieren, gelernt, die Linken seien allenfalls gut als kritisches Korrektiv, als Opposition. Daran war nicht alles falsch. Linke Positionen wurden in Europa häufig zuerst als Kritik hörbar. Liberale wie Sozialisten wandten sich zuerst einmal gegen die Kräfte, die offenkundig mehr zu sagen hatten, als für das Ganze gut war. Das war für die Liberalen der preußische Landadel und die lutherische

 Geistlichkeit, für die Sozialisten dazu noch die aufstrebende Bourgeoisie, auf die sich die Liberalen stützten.

Aus welcher Richtung droht im 21. Jahrhundert eine Vor-Herrschaft über alle anderen Kräfte der Gesellschaft? Vom Adel sicher nicht mehr, von den Kirchen auch nicht. Noch weniger von den Gewerkschaften. Der Staat? Er kann gelegentlich lästig werden, aber gerade der Nationalstaat ist vom global agierenden Kapital zum Standort degradiert worden, den man mit Investitionen fördern kann – oder auch nicht. Für die Liberalen gilt immer noch: Im Zweifel gegen den Staat. Aber sie selbst behaupten nicht mehr – wie vor 100 Jahren –, dies sei links.

Kennzeichen des beginnenden 21. Jahrhunderts ist – oder war? – die Dominanz des Marktes, und damit auch der Mächtigen am Markt. Hatte der Kommunismus versucht, den Markt durch Bürokratie und politische Entscheidungen zu ersetzen, so wird heute dem Markt mehr übergeben, als gut ist. Zu Ende gedacht, ergibt marktradikales Denken den Marktstaat (siehe »*Marktstaat*« S. 89).

Was dem Markt überlassen wird, ist entweder schon Ware oder es wird zur Ware. Wenn linke Positionen zuerst Gegenpositionen zur jeweils dominierenden Macht sind, dann muss die Linke jetzt klarmachen, was zur Ware werden darf und was nicht. Bildung ist ein Menschenrecht, dem der Staat zu dienen hat, keine Ware. Sicherheit ist keine Ware, sondern eine Bringschuld des Staates, seit er sein Gewaltmonopol durchgesetzt hat. Kultur ist eine der Äußerungen der Natur des Menschen, die seine Würde ausmachen. Also müssen auch Formen der Kultur möglich sein, die sich am Markt nicht behaupten können. Wenn zu den Menschenrechten die körperliche Unversehrtheit gehört, dann steht jedem

Menschen ein Existenzminimum zu, auch wenn er es nicht bezahlen kann. Und so fort.

Links ist heute zuerst einmal der Wille, Politik – und als Instrument von Politik den Staat – gegen das Überborden des Marktes zu verteidigen. Demokratie ist nicht nur, aber primär eine Staatsform. Der demokratische Staat und seine Citoyens und Citoyennes verhalten sich unmittelbar zueinander: Die Citoyenne fühlt sich direkt verantwortlich für das, was in ihrer cité geschieht und geschehen soll. Und die cité weiß sich zuständig, wenn die citoyenne krank oder arbeitslos wird, wenn sie Bildungschancen für ihre Kinder sucht. Die Linke wird sich also gegen einen Staatsabbau wehren, der notwendig den Abbau der Demokratie einschließt.

Links ist heute die Weigerung, die Frage nach der Gerechtigkeit einfach dem Markt zuzuspielen. Sicher, der kennt seine eigene Gerechtigkeit – und das wäre die des Marktstaats: Der Tüchtige – und wohl auch der Rücksichtslose, der Gerissene – wird belohnt, die Bequeme – und wohl auch die Gewissenhafte, die Kranke – wird bestraft. Was sozial gerecht wäre, lässt sich nur im öffentlichen Diskurs ermitteln. Links ist, diesen Diskurs offen und lernbereit zu führen. Dabei geht es um Verteilungs- u n d Chancengerechtigkeit, nicht um eines anstelle des anderen. Links ist es daher, den demokratischen Rechts- und Sozialstaat mit Zähnen und Klauen zu verteidigen, mitsamt seinem Gewaltmonopol. Denn keine Gesellschaft erleidet mehr Ungerechtigkeit als eine, in der die Sicherheit zur Ware wird, die nur noch wenige sich leisten können.

Links war zwar nie dasselbe wie pazifistisch, aber der Widerstand gegen den Krieg kam fast immer von links. Was bedeutet dies in einer Welt, in der Krieg seltener, entstaatlichte, privatisierte Gewalt häufiger wird?

Sicher nicht, dass Linke, möglicherweise noch mit einem Gefühl moralischer Überlegenheit, einfach zusehen, wie unzählige Menschen, meist die schwächsten, Opfer wilder Gewalt werden. Zynische Nicht-Intervention ist schon heute häufiger als machtpolitisch motivierte Intervention (siehe »*Pazifismus*« S. 125).

Der Widerstand gegen multilaterale Eingriffe in zerfallende oder zerfallene Staaten dürfte künftig immer häufiger von rechts kommen: Was geht es uns an? Was haben wir davon? Sicher, jede unilaterale Intervention ist vom Übel, sie kann nur das Unheil vermehren. Und jede Aktion der Vereinten Nationen kann schief gehen. Aber das kategorische Nein dazu ist sicherlich nicht links. Links ist die Suche nach einem internationalen Gewaltmonopol, das notfalls auch da wirksam wird, wo ein nationales Gewaltmonopol zerbrochen ist.

Natürlich hat links auch mit Fortschritt zu tun (siehe »*Fortschritt*« S. 39) und nicht zuletzt mit einem Menschenbild (siehe »*Menschenbild*« S. 101).

Wie der Marktradikalismus stammt auch der Marktstaat aus den USA. Seltsamerweise wurde das Buch, in welchem er geschildert und propagiert wurde, nie ins Deutsche übersetzt. Wahrscheinlich, weil es Kontinentaleuropäer eher abgeschreckt hätte. Nicht nur wegen seines Titels, der den Inhalt nicht erahnen lässt (The Shield of Achilles), sondern auch wegen seiner entscheidenden These. Was der Historiker, Ökonom und Präsidentenberater Philip Bobbitt schon 2002 der angelsächsischen Öffentlichkeit vorlegte, wurde dort nicht deshalb zum Bestseller, weil auf 900 Seiten die Geschichte des Staates – und ihre Abhängigkeit von Militärstrategien – abgehandelt wird, sondern weil hier endlich einer zeigte, worauf diese Geschichte im 21. Jahrhundert hinauslaufen sollte: Den Marktstaat, der den Nationalstaat ablösen sollte. Der Marktstaat sollte der Schlusspunkt und Zielpunkt einer marktradikalen Epoche sein.

Der Marktstaat ist dazu da, Märkte rechtlich zu ordnen und zu schützen: natürlich zuerst einmal die Märkte für Waren und Dienstleistungen, aber auch den Erziehungsmarkt, an dem man Bildung unterschiedlicher Qualität zu unterschiedlichen Preisen kaufen kann, den Versicherungsmarkt, an dem man sich für das Alter gegen Krankheiten versichern kann, und schließlich den Sicherheitsmarkt, an dem Sicherheitsagenturen Schutz vor Verbrechen anbieten.

Dieser Marktstaat ist nicht mehr zuständig für die Bürgerinnen und Bürger, sie haben sich gefälligst an die Märkte zu wenden. Aufgabe des Staates ist es, über die Märkte möglichst viele und attraktive »opportunities« anzubieten. Was die Bürger, die nur noch als Kunden gefragt sind, daraus machen, ist ihre Sache. So überlässt es der Staat auch dem – möglichst freien – Arbeitsmarkt, »opportunities« anzubieten. Wer dabei leer ausgeht, hat Pech gehabt.

Wenn aber Kernaufgaben wie die innere Sicherheit – und teilweise auch die äußere – oder auch die Bildung dem Markt übergeben, überlassen werden, natürlich auch die soziale Sicherheit, für die im 20. Jahrhundert der Staat Verantwortung übernommen hat, verliert Politik Zug um Zug ihren Gegenstand. Wozu noch Landtage und Landesregierungen, wenn sie ihre Hauptaufgaben, nämlich Schule und Polizei abgetreten haben?

Natürlich wird es auch im Marktstaat noch so etwas wie Politik geben. Die Märkte müssen schließlich funktionieren. Aber Politik wird dann eindeutig, einseitig und ohne Vorbehalt zur Magd der Ökonomie, zu einem um sich selbst kreisenden System ohne Wirkung auf die Gesellschaft.

Wäre der Marktstaat eine Demokratie? Formal sicher. Aber man kann nicht den Staat abbauen, ohne dass die Demokratie als Staatsform leidet. Das gilt heute schon für die kommunale Demokratie. Wenn Stadträte immer weniger zu entscheiden haben, weil Nahverkehr, Kliniken und Stadtwerke privatisiert sind, wird es immer schwerer, geeignete Kandidaten für den Stadtrat zu finden. Wer die Kernzelle der deutschen Demokratie – die kommunale – erhalten will, darf sie nicht durch Privatisierung ihres Gegenstandes berauben.

Nachdem die Finanzkrise dem Glauben an die Märkte so zugesetzt hat, dass Marktradikale – natürlich ohne einen Irrtum zuzugeben – ihre Hoffnungen auf den Staat richten und die Deregulierer von gestern sich als Regulierer von morgen anbieten, dürfte der Marktstaat keine Chancen mehr haben, nicht einmal in den USA, noch weniger in Europa.

Aber es lohnt sich trotzdem, sich den Marktstaat genau anzusehen. Durch Bobbitts Bestseller wird deutlich, wohin marktradikale Theorien führen, wenn sie zu Ende gedacht werden. Wenn es stimmt, dass die Märkte immer klüger sind als die Politik, wenn es stimmt, dass der Bürger umso freier ist, je schwächer der Staat wird, dann landet man beim Marktstaat. Dieser Marktstaat, der die Bürgerin zur Kundin befördert und degradiert, der Politik nicht abschafft, aber gegenstandslos macht, wäre, wie wir seit 2008 wissen, nicht einmal gut für die Märkte gewesen.

Argwohn ist angesagt gegen alles, was dahin führen kann.

Wenn die Polizei eine überschwemmte Straße absperrt oder mit Wasserwerfern einen Platz von Demonstranten leerfegt, ist beides eine polizeiliche Maßnahme, auch wenn es im einen Fall darum geht, dass Fußgänger oder Autofahrer nicht nass werden, im anderen, dass die Aufmüpfigen klatschnass und frierend nach Hause rennen.

»Maßnahme« ist also ein inhaltlich neutrales, leeres, vielseitig verwendbares Wort. Es ist noch ziemlich jung, stammt aus der Bürokratie des 19. Jahrhunderts. Es bedeutet nur, dass da etwas geschieht, was eine Behörde angewiesen und damit auch legitimiert hat.

Maßnahmen setzen Hierarchien voraus, Vorgesetzte, die sie anordnen, Untergebene, die sie durchführen. Daher war übrigens »durchführen« ein Lieblingswort des NS-Staates.

»Maßnahme« klingt nach Obrigkeit. Maßnahmen sind legitimierte Handlungen. In einer Demokratie meist durch Gesetze. In der Diktatur durch den Diktator.

Als Hitler am 30. Juni und 1. Juli 1934 Dutzende von SA-Führern und andere Missliebige wie einen Vorgänger als Reichskanzler erschießen ließ, trat er als »des deutschen Reiches oberster Gerichtsherr« vor den gleichgeschalteten Reichstag und ließ ein Gesetz beschließen, das aus einem Satz bestand: »Die Maßnahmen«, die vom 30. Juni bis 2. Juli getroffen wurden, seien »als Staatsnotwehr rechtens«. Hinter dem blassen Wort »Maßnahmen« versteckte Hitler 83 Morde.

Historiker der NS-Zeit unterscheiden heute den »Normenstaat«, den es immer noch gab, vom »Maßnahmenstaat«, der diesen Normenstaat immer deutlicher überlagerte. Der Normenstaat stützte sich vor allem auf die alten Verwaltungsbeamten, die ja meist keine Reichsbeamten, sondern preußische, sächsische, badische oder auch kommunale Staatsdiener waren. Sie hatten gelernt, sich an Gesetze zu halten, alle Bürger gleich zu behandeln, ob sie Nazis waren oder nicht. Für sie galt nach wie vor, dass die Feuerwehr auszurücken hatte, wenn es brennt, ob beim Kreisleiter oder in der Synagoge.

In diesen Normenstaat regierte die Partei und später die SS hinein, ohne die Gesetze zu ändern. Sie verfügten »Maßnahmen«, die den – keineswegs aufgehobenen – Normen widersprachen. Nicht einmal die »Rassengesetze« von 1935 sahen Mord an Juden vor. Ihr Abtransport Richtung Auschwitz war eine von der Zentrale angeordnete »Maßnahme«. Wer als NS-Gegner von einem ordentlichen Gericht – natürlich aufgrund von NS-Gesetzen – zu Zuchthaus verurteilt wurde, hatte Glück. Er kam in den ordentlichen Strafvollzug, wurde oft auch von Beamten aus der Weimarer Zeit menschlich behandelt. Die Einweisung ins KZ war eine »Maßnahme«. Im KZ galt nur die Willkür der Kommandanten. Sie entschieden, was mit den Häftlingen geschah. Auch der Mord war eine »Maßnahme«. Der Maßnahmenstaat handelte jenseits aller rechtlichen – und natürlich auch jenseits aller moralischen – Normen.

So könnte man meinen, dieses Wort sei so belastet, dass Demokraten ihm aus dem Wege gehen. Aber dem ist nicht so. Vielleicht ist es für eine Verwaltung unentbehrlich. Vielleicht haben wir nur versäumt, nach einem Ersatz zu suchen. Jedenfalls wäre es heute so etwas wie seelische Grausamkeit, einem tüchtigen Beamten das Wort »Maßnahme« zu verbieten. Aber wie steht es mit der Politik?

Die »Frankfurter Allgemeine« druckte am 26. November 2008 eine gemeinsame Erklärung der deutschen Bundeskanzlerin und des französischen Präsidenten ab, in der sich die beiden einvernehmlich zur Finanzkrise äußern. In diesem Text findet sich 14-mal das Wort »Maßnahme. Sie sind für »fiskalische Maßnahmen«, »nationale Maßnahmen«, »Stimulierungsmaßnahmen«, für »Maßnahmen auf Gemeinschaftsebene«. Sie finden, die »Maßnahmen« sollten »wirksam, reversibel und zielgerichtet sein«, negativ ausgedrückt: nicht unwirksam, nicht irreversibel und nicht ganz ohne ein Ziel. Was sich doch wohl von selbst versteht. Aber eben: Wie die Maßnahmen aussehen sollen, worin sie bestehen, sagen Präsident und Kanzlerin nicht. Der Grund ist einfach: Darüber waren sie sich nicht einig. Aber eben dies wollten sie nicht sagen.

Wer scheinbar unbeschwert von »Maßnahmen« redet, weiß entweder noch nicht, was er will, oder er weiß es, will es aber noch nicht sagen. Oder er wüsste es schon, ist sich mit Freunden und Partnern noch nicht einig. Also weicht er aus und benutzt ein abstraktes, ungenaues, leeres, mit beliebigem Inhalt zu füllendes Bürokratenwort, überdies eines mit zweifelhafter Vergangenheit. Vielleicht ist es oft schwer zu vermeiden. Aber wenn man nichts Präzises zu sagen hat, kann man auch schweigen.

»Jeder hat das Recht, seine Meinung in Wort, Schrift und Bild frei zu äußern und zu verbreiten ...« So steht es in Artikel 5 des Grundgesetzes der Bundesrepublik Deutschland. Trotzdem haben wir einen Verfassungsschutz, der registriert, wenn jemand öffentlich behauptet, eine Räterepublik oder ein NS-Führerstaat sei viel besser als die Demokratie, die das Grundgesetz vorschreibt. Er kommt deshalb noch nicht ins Gefängnis, aber wenn er in der Verwaltung oder gar in der Justiz angestellt werden will, wird er Pech haben.

Jeder hat das Recht, einen anderen für einen charakterlosen Dummkopf zu halten. Wenn er dies öffentlich erklärt, kann er vor den Kadi kommen, denn der Staat muss seine Bürger auch vor Beleidigung schützen. Die uneingeschränkte Meinungsfreiheit gibt es nicht.

Jede menschliche Gemeinschaft ist auf Werten aufgebaut, die bestimmte Meinungen ausschließen. Ein Katholik darf für Priesterinnen und verheiratete Priester eintreten. Wenn er verkündet, in Rom herrsche eine machtgierige Bande, daher sei es besser, Muslim zu werden, wird er nicht mehr lange Mitglied der römischen Kirche sein. Wenn er sich auf das Recht der freien Meinungsäußerung beruft, werden nicht nur Katholiken milde lächeln.

Auch der Staat des Grundgesetzes ist kein wertfreier Apparat. Ein verfassungstreuer Bürger wird nicht behaupten, ihm wäre eine Militärdiktatur lieber. Wenn es doch einer tut, schließt er sich aus dem Konsens aus, auf den die Republik gegründet ist. Sicher, er wird nicht gleich hinter Gitter kommen, aber keine demokratische Partei wird ihn aufnehmen. Wenn er sich dann über eingeschränkte Meinungsfreiheit beklagt, werden ihn nur wenige bedauern.

Wer sich einer Gemeinschaft anschließt, übernimmt Verpflichtungen. Niemand muss einer Partei beitreten. Aber wenn er es tut, dann erwartet man von ihm, dass er sie nicht öffentlich niedermacht, auch dann nicht, wenn er Streit in der Sache für notwendig hält. Zwischen notwendigem Streit und verletzender Illoyalität lässt sich mit einiger Mühe eine Grenze ziehen, zumal in einer alten, erfahrenen Partei mit einer bewährten politischen Kultur. Zu dieser Kultur gehört die Unabhängigkeit von Schiedskommissionen. Wer in der Partei bleiben kann und wer nicht, soll nicht vom Willen des Vorstands und damit von Erwägungen der tagespolitischen Zweckmäßigkeit abhängen.

Es gab Zeiten, da verstand sich all dies von selbst. Sie scheinen vorbei zu sein. Hat dies mit dem zu tun, was Soziologen »Individualisierung« nennen? Oder mit den Gesetzen der Mediendemokratie? »Hund beißt Mann« ist eben keine Nachricht, wohl aber »Mann beißt Hund«. Dass sich jemand in einer Sach-Kontroverse um Loyalität gegenüber seiner Partei bemüht, ist keine Nachricht. Es geschieht jeden Tag hundertfach. Wenn ein Abgeordneter seinen Fraktionsvorsitzenden beschimpft, ist das eine Nachricht. Dadurch wird man bekannt, man »profiliert sich«. Für Karrieristen ist dies eine Versuchung. Und Journalisten freuen sich, wenn sie etwas zu berichten haben, oft so sehr, dass die Maßstäbe durcheinander geraten. Und das ermutigt wieder zum profilierenden Widerspruch, ganz gleich, ob er nun abgedeckt ist durch das Recht auf Meinungsfreiheit oder nicht.

Wenn es die Kernfunktion von Parteien ist, den Wählern ein Angebot zu machen, damit Mehrheitsbildung möglich wird, dann kann es keine Partei dulden, dass jemand, der als ihr Mitglied bekannt ist, öffentlich einer anderen Partei den Vorzug gibt. Und tatsächlich duldet dies auch keine.

Dafür gibt es das Recht, die Partei zu wechseln. Oder einfach auszutreten. Ein parteipolitisch ungebundener Bundesbürger darf von jeder Partei halten, was er will. Nur eben: Damit profiliert er sich nicht (siehe »*Profilieren*« S. 137).

Ein Menschenbild will darstellen, was der Mensch ist, nicht, was er sein soll. Es will der Wirklichkeit des Menschen auf die Spur kommen, kein Idealbild zeichnen. Beim Menschenbild geht es um das Sein, nicht um das Sollen. Was nicht ausschließt, dass jede Ethik sich auf ein Menschenbild bezieht.

Es gibt viele Bilder vom Menschen. Ein Hirnforscher dürfte ein anderes haben als ein Theologe, ein Werbefachmann ein anderes als eine engagierte Pädagogin. Kulturen, Religionen, Philosophien, Ideologien, Wissenschaften, sie alle schaffen sich ihre Menschenbilder. Keines ist ganz falsch. Alle enthalten etwas von der komplexen und vielschichtigen Wirklichkeit des Menschen. Je mehr sie davon aufnehmen und wahrnehmen, auch von den unzähligen Widersprüchen, desto seriöser sind sie.

Gefahr droht von den allzu simplen, einseitigen Menschenbildern. Der homo oeconomicus mancher Wirtschaftswissenschaftler gehört dazu. Der Mensch ist eben mehr als ein Marktteilnehmer, der seine Arbeit oder seine Ware möglichst teuer verkaufen und das, was er zum Leben braucht, möglichst billig kaufen will. Menschen können sehr wohl gierig sein, aber das rechtfertigt noch nicht eine Ordnung, die nur darauf setzt, die menschliche Gier als Motor für wirtschaftliches Wachstum zu nutzen.

Menschen können sehr wohl mit anderen mitfühlen, ihnen helfen, sich für sie aufopfern. Aber eine staatliche Ordnung, die nur diese Möglichkeit des Menschen im Blick hat, dürfte rasch im Chaos enden.

Ein Menschenbild muss nicht nur darauf Rücksicht nehmen, dass es sehr unterschiedliche Menschen gibt, Frauen und Männer, Alte und Junge, Gesunde und Kranke, Aktive und Nachdenkliche, Musikalische und Unmusikalische, Religiöse und religiös Gleichgültige, Menschen, die dem Gemeinwohl dienen wollen und solche, die nur den eigenen Vorteil suchen. Es gibt Lebensretter und Mörder, und das dürfte so bleiben.

Was ein Menschenbild noch schwieriger macht, ist die Tatsache, dass ein und derselbe Mensch sehr verschieden handeln kann. Er kann aus Mitleid sich selbst gefährden und im Zorn zuschlagen, großzügig spenden und Steuern hinterziehen, von Bachs Weihnachtsoratorium berührt sein und anschließend einen Geschäftspartner übers Ohr hauen.

Ein Menschenbild taugt nur dann als Grundlage für Politik, wenn es die verschiedensten Möglichkeiten des Menschen ernst nimmt, die guten, die weniger guten und die offenkundig bösen. Jeder Staat braucht deshalb ein Strafrecht. Er muss alle bestrafen, die das Recht brechen. Aber er muss dann auch versuchen, den Rechtsbrecher wieder in die Gesellschaft einzubeziehen, zu integrieren. Das hätte keinen Sinn, wenn es nicht auch im Rechtsbrecher Anlagen gäbe, die, gestärkt und entwickelt, für die Gemeinschaft nützlich sein können

Der Gesetzgeber muss beides gleich ernst nehmen: Die menschliche Fähigkeit, zu betrügen, zu verletzen, ja zu morden und die Fähigkeit, solche Vergehen und Verbrechen zu bereuen, mit den Opfern und deren Angehörigen mitzufühlen, schließlich den Willen, etwas wieder gut zu machen, kurz: gut zu sein.

Wo nur eines von beidem im Blick ist, misslingen schon Bildung und Erziehung. Die Prügelpädagogik, die sich bis ins 20. Jahrhundert auch in Deutschland von selbst verstand, berief sich auf einen Satz aus dem Alten Testament, wonach »das Dichten und Trachten des Menschen böse« ist »von Jugend auf«. Eltern und Lehrer bekämpften, mit dem Rohrstock in der Hand, das Böse in den Kindern.

Aber auch der antiautoritäre Kindergarten, wo nur der gute Mensch ohne Gängelung sich frei entfalten sollte, war kein Erfolg. Die berühmte Frage eines Kindes: »Müssen wir heute schon wieder tun, was wir selber wollen?« zeigte das Bedürfnis der Kinder nach Anleitung, Vorbild, auch nach Grenzen, die im Interesse der Gemeinschaft festgelegt und eingehalten werden müssen.

Demokratie ist nicht ratsam, wo der Mensch zuerst und vor allem als sündiges, der Erbsünde unterworfenes Wesen verstanden wird. Martin Luther, der für die Freiheit seines Gewissens sein Leben riskierte – und damit auch die moderne Demokratie vorbereitete –, hielt nichts von demokratischer Mitwirkung, nicht einmal, wenn es um gewählte Gemeinderäte in den Städten ging. Er hielt den »Pöfel« nicht für fähig, sich selbst zu regieren.

Aber wo der Mensch nur als gemeinschaftsfähiges, gemeinschaftswilliges, auf Hilfsbereitschaft, Mitleid, also auf das Tun des Guten hin angelegtes Wesen wahrgenommen wird, braucht man gar keinen Staat. Einem solchen Menschenbild entspricht die Anarchie – in der dann die weniger erfreulichen Seiten des Menschen ungehemmt zum Vorschein kommen.

Demokratie mit all ihren Freiheitsrechten ist möglich, weil Menschen sehr wohl vernünftig entscheiden, für einander eintreten, notwendige Gesetze formulieren und mit Mehrheit beschließen können. Demokratie mit all ihrer vorsorglichen Machtteilung und all ihren Machtkontrollen, auch ihrem Zivilrecht und Strafrecht ist nötig, weil Menschen eben auch dazu neigen, Macht zu missbrauchen, den eigenen Nutzen auf Kosten der Gesellschaft zu mehren.

Die meisten Menschen handeln aufgrund eines Menschenbildes, auch wenn sie es nie formuliert, vielleicht nie gründlich darüber nachgedacht haben. Es gibt Menschen, die ihren Mitmenschen nichts Böses zutrauen können, andere, die sogar hinter Freundlichkeit Schlimmes vermuten.

Auch politische Parteien stützen sich auf ein Menschenbild, auch dann, wenn sie sich dessen gar nicht bewusst sind. Die Sozialdemokraten haben mehr als hundert Jahre gebraucht, bis sie ihr Menschenbild – im Berliner Programm 1989 – formulierten.

Die Unionsparteien berufen sich auf ein »christliches Menschenbild«, allerdings meist, ohne zu sagen, worin dies besteht. Allenfalls zitieren sie die Schöpfungsgeschichte, wonach Gott den Menschen »ihm zum Bilde« geschaffen habe. Aber abgesehen davon, dass es sich dabei um eine jüdische, nicht spezifisch christliche Quelle handelt: Wozu in aller Welt brauchten wir Gesetze gegen allerhand Gaunereien, wenn über den Menschen nichts anderes zu sagen wäre, als dass er ein Ebenbild Gottes sei?

Ein christliches Menschenbild müsste sich doch wohl an dem Menschen orientieren, in dem die christliche Dogmatik göttliche Züge erkennt, also an Jesus von Nazareth. Zum christlichen Menschenbild gehörte dann wohl der Hinweis, dass dieser Jesus uns alle als Kinder Gottes versteht, die zu ihrem »Vater« beten sollen. Dieser Mensch, der dann den Titel »Christus« bekam, weiß, dass Menschen, und zwar alle, schuldig werden. Und er rät ihnen, den Menschen zu vergeben, die an ihnen schuldig geworden sind. Er weiß, dass

Menschen »nicht vom Brot allein« leben, auch wenn er sie anhält, für ihr tägliches Brot zu beten. Er preist die Friedfertigen selig, auch die Menschen, die einen Hunger nach Gerechtigkeit empfinden.

Jesus von Nazareth hat kein Menschenbild verkündet. Aber aus seiner Verkündigung lässt sich, gleichsam als Nebenprodukt, ein Menschenbild ableiten. Das ist nicht einfach. Wer unentwegt vom »christlichen Menschenbild« redet, muss dies wenigstens versuchen. Große Theologen haben es versucht, von Thomas von Aquin bis Karl Rahner, von Martin Luther bis Karl Barth. Und alle auf verschiedene Weise. Insofern gibt es gar kein allgemein gültiges christliches Menschenbild. Wo dieses Nebenprodukt christlichen Glaubens als inhaltsleeres Klischee verwandt wird, müsste dies auf den Widerstand der Kirchen stoßen. Und aller, die meinen, dass Menschenbilder nicht für Propaganda taugen.

Modernisieren kann man vieles: einen alten Schrank, ein baufälliges Schloss, ein Stahlwerk, eine Eisenbahn, aber auch eine Stadtverwaltung, eine Gewerkschaft, eine Partei, sogar einen Staat. Aber wie?

Für den Schrank gibt es Handwerker, die sich darauf spezialisiert haben, für das Schloss dazu noch Architekten, die etwas davon verstehen. Aber auch unter solchen Fachleuten kann es Streit geben darüber, was die richtige, angemessene, stilvolle Modernisierung sei. Gibt es Fachleute für die Modernisierung einer Verwaltung? Sicher gibt es Leute, die diesen Anspruch erheben, aber eben auch andere, die ihn bestreiten: Der Mann hat gänzlich verquere Vorstellungen von Verwaltung! Und erst bei einer Partei: Der will einfach eine andere Partei!

Trotzdem: Wer modernisieren will, hat erst einmal die Nase vorn. Das Gegenteil von modern ist altmodisch, überholt, gestrig. Wer möchte das sein? Es ist also nicht ganz leicht, Modernisierern zu widersprechen, was auch immer sie im Schilde führen. Aber zwei Fragen lassen sich nicht wegdrücken. Zum einen: Was ist modern und was nur Mode? Was ist in drei oder gar fünf Jahren noch modern? Zum anderen: Ist, was jetzt als modern gilt, auch richtig, Verbesserung, hilfreich, nötig, ja Fortschritt? Oder geht es in die falsche Richtung?

In der ersten Hälfte der Siebzigerjahre, als der Autor begann, auf ökologische Gefahren und Aufgaben hinzuweisen, fanden andere, auch in seiner Partei, Ökologie sei eine rasch vorübergehende Mode gelangweilter Mittelstandsdamen. Ökologie war für sie nicht Modernisierung, nicht Politik für die Zukunft, sondern Mode. Zur gleichen Zeit war auch der antiautoritäre Kindergarten für die einen Modernisierung, für die anderen kurzlebige Mode. Wer jeweils Recht hatte, wusste man zehn Jahre später.

Die andere Frage: Wollen wir das eigentlich? Oder laufen wir da nur Interessenten nach, die etwas ganz anderes im Sinn haben? Wer so fragt, kommt rasch in den Geruch des »Traditionalisten«. So war es etwa, als zwischen 1985 und 2008 eine Welle der Privatisierungen über das Land ging. Privatisierung galt als Modernisierung, ganz gleich, was da dem Markt übergeben wurde. Widerstand war gestrig, sogar wenn es um die Stadtwerke ging.

Was politisch als Modernisierung gilt, hängt immer ab vom Zeitgeist, genauer: von der vorherrschenden Denkweise, von der hegemonialen Ideologie. Sie ist dauerhafter als die Mode, aber auch sie geht vorbei, wird abgelöst, wenn sie erkennbar mit der Wirklichkeit in Konflikt gerät.

Der englische Historiker David Marquand, einer der klügsten Beobachter des letzten halben Jahrhunderts, hat schon 2004 festgestellt, dass in Großbritannien »modernisation« einer der drei Schlüsselbegriffe der »neoliberal revolution« gewesen sei. »Modernisation« sei alles gewesen, was zur »marketisation« beigetragen und die »public domain« eingeengt oder plattgewalzt habe. Das konnte man, wie Margarete Thatcher, für Fortschritt halten oder auch, wie Marquand, für einen Rückschritt um mehr als hundert Jahre in die Zeit der Queen Victoria. Und nach dem Jahr 2008 dürften manche zu dem Ergebnis kommen, Marquand habe so ganz unrecht nicht gehabt. Es ist tatsächlich beklemmend, was dieser Wissenschaftler an Ähnlichkeiten zwischen dem Liberalismus des Jahres 1900 und dem des Jahres 2000 zu

Tage fördert. Ein Deutscher wird hinzufügen, dass, was der Liberale Friedrich Naumann um 1900 als »alten« Liberalismus bekämpfte, ziemlich genau das war, was sich um 2000 als nagelneuer Liberalismus ausgab.

Was in einer Epoche als Modernisierung gepriesen wird, kann die nächste sehr wohl als Irrweg, als Schritt zurück verdammen. Aber weil »Modernisierung« für moderne Menschen so gut klingt, weil Widerspruch dagegen immer schwer fällt, ist jede Regierung versucht, ihrer Politik das Etikett »Modernisierung« aufzukleben.

Propaganda kommt wahrscheinlich nie ohne dieses Wort aus. Seriöse Analyse täte gut daran, es zu meiden, zumindest jeweils nach einem präziseren, bescheideneren Wort zu suchen.

In einem politischen Wörterbuch ist kein Platz für Moralphilosophie, auch nicht für Gedanken zum Verhältnis von Religion und Moral. Es geht hier nur um eine Warnung: Wo immer Politiker über Moral reden, ist höchste Vorsicht geboten. Politik ist zwar nicht nur, aber eben auch Kampf um Macht. Diesen Kampf als ein Ringen zwischen Moral und Unmoral darzustellen, ist eine dauernde Versuchung für Politiker. Die Herrscher von Gottes Gnaden verstanden sich einst als Hort der Moral, Aufmüpfigkeit gegen sie war – und das konnte man auch von den Kanzeln hören – unmoralisch, böse. Robespierre hat im Namen von Moral und Tugend seine Gegner köpfen lassen. Sogar Hitler gab sich als Streiter für die Moral, erst gegen die »korrupten Bonzen« der Weimarer Republik, dann gegen den »verbrecherischen jüdischen Bolschewismus«.

Einer der gewissenhaftesten Politiker, die in Deutschland nach 1945 gewirkt haben, Gustav Heinemann, hat nie Moral gepredigt. Auf dem Höhepunkt der Studentenrevolte an Ostern 1968 hat er, damals Justizminister der Großen Koalition, im Fernsehen vor moralischem Hochmut gewarnt: An jeder Hand, deren Zeigefinger auf andere deutet, weisen drei Finger zurück auf den Sprecher, den Ankläger. Das galt den selbstgerechten Studenten, die ein moralisch verkommenes »System« beseitigen wollten, aber auch den Älteren, »Etablierten«, die nicht einsehen wollten, dass ihr Verhalten, ihre Selbstzufriedenheit, ihr Verschweigen der eigenen Vergangenheit, zur Rebellion beigetragen hatte. »Wer unter Euch ohne Sünde ist, der werfe den ersten Stein!« hatte Jesus von Nazareth den hochmoralischen Männern gesagt, die eine Ehebrecherin steinigen wollten.

Kaum ein Politiker hat so viel über Moral geredet, ja die »geistig-moralische Erneuerung« proklamiert, wie Helmut Kohl. Ausgerechnet er wurde später in der Parteispendenaffäre des Gesetzesbruchs überführt. Er hatte ganz bewusst ein Gesetz übertreten, das er selbst mit beschlossen hatte. Er hat es nie bereut. Schließlich brauchte er das Geld nicht für sich, es sollte nur dazu dienen, dass die Bösen, in diesem Fall die Sozialdemokraten, nicht die Guten in der Regierung ablösen. Der allzu gute Zweck heiligte das allzu schäbige Mittel.

Man kann der Moral nichts Schlimmeres antun, als sie zum Instrument des politischen Kampfes, zur Keule zu degradieren. Und das geschieht fast immer, wo Politiker die Moral bemühen. »Seht, wie moralisch ich bin – ganz im Gegensatz zu meinen Widersachern.« Unmoralischer geht es kaum.

Wo die vermeintlich Guten gegen die vermeintlich Bösen kämpfen, spielen die Methoden und Mittel des Kampfes keine Rolle mehr. Und wo dann noch der Ruf erschallt: »Gott will es!«, ist Unheil unvermeidlich. Das war so in den Kreuzzügen, in den Religionskriegen, und es ist heute so im Krieg gegen den Terror. Beide Seiten sehen in der jeweils anderen Verkörperungen des Bösen, daher sind alle Mittel recht. Wenn Verkehrsflugzeuge samt Insassen zur Waffe, zur Bombe werden, wird dies gefeiert. Und wenn man einmal die völkerrechtlich nicht vorgesehene Kategorie des »feindlichen Kämpfers« erfunden hat, ist Guantanamo die unvermeidbare Folge. Zuviel Moral führt meist nur dazu, dass guten Gewissens gemordet wird. Krieg wird zur Verbrecherjagd, Friede nur denkbar, wenn man den bösen Feind für immer vernichtet hat. Und das ist, zumal wenn der Feind kein Staat, sondern eine fundamentalistische Organisation wie Hamas ist, gar nicht möglich. Also Krieg ohne Ende.

Dass die »summa moralitas« ganz unversehens zur »summa immoralitas« werden kann, wussten schon die Theologen der Scholastik. Und das gilt natürlich nicht nur für die Politik. Manches pietistische Elternpaar hat sich durch eine rigide, ängstliche, unfreie Moral an seinen Kindern versündigt, obwohl die Eltern diese Moral vorlebten. In der Politik ist die »summa moralitas« dagegen meist vorgetäuscht, Mittel zum Zweck. Und der Zweck ist die Macht.

Demokratische Parteien stehen für unterschiedliche Programme und, auch wenn sie es nicht immer zugeben, für unterschiedliche Interessen. Aber nicht für gut und böse. Sie dürfen und sollen sich streiten. Der Streit wird umso produktiver, er hinterlässt umso weniger Verletzungen, je weniger moralisiert wird. Natürlich tun demokratische Politiker gut daran, einfache moralische Regeln zu beachten, etwa die, dass man über ein Dokument möglichst nicht redet, ehe man es gelesen hat. Aber Politiker können Moral bestenfalls leben. Moral predigen sollten sie nicht.

Noch im 15. Band der Brockhaus-Enzyklopädie aus dem Jahr 1991 steht unter »Nachhaltigkeit«: »Forstwirtschaft; ein Bewirtschaftungsprinzip, das dadurch charakterisiert ist, dass nicht mehr Holz geerntet wird, als jeweils nachwachsen kann.«

Das trifft genau den Ursprung des Wortes, nicht allerdings die Bedeutung, die es spätestens seit dem Brundtland-Bericht der Vereinten Nationen (1987) angenommen hat.

Der Begriff ist erstmals 1713 aufgeschrieben worden, und zwar im Aufsatz eines Forstwirts, der sich Gedanken darüber machte, wie den Wäldern zu helfen sei, die im 17. Jahrhundert rücksichtslos geplündert und abgeholzt worden waren. Nachhaltige Forstwirtschaft setzte sich dann im 19. Jahrhundert durch, jedenfalls in Deutschland. Wenn also seither Forstwirte darauf achten, dass nicht mehr eingeschlagen wird, als nachwächst, nennen sie dies »nachhaltig«.

Als die Brundtland-Kommission der UN darüber zu beraten hatte, wie unsere natürlichen Lebensgrundlagen zu schützen, ihrer Zerstörung zu wehren sei, suchten sie nach einem Adjektiv, das eine Entwicklung kennzeichnen sollte, die durch pfleglichen Umgang mit diesen Lebensgrundlagen Katastrophen vermied, eine Entwicklung, die nicht in ihrem eigenen Kot stecken blieb, die sich also durchhalten ließ, auf Dauer angelegt war. Dabei bot sich eine Ableitung des englischen Verbs »sustain« an. »Sustain« (lateinisch sustinere) bedeutet standhalten, aushalten, aber auch aufrechterhalten. Das Adjektiv »sustainable« ist im »Großwörterbuch« Duden-Oxford von 1990 noch nicht enthalten. Es wurde geläufig durch die Brundtland-Formel von »sustainable development«, also einer Entwicklung, die sich – im Gegensatz zu dem, was wir bislang praktizierten – nicht selbst blockiert, ihr Ende selbst bewirkt, sondern auch den Enkeln und Urenkeln noch eine Chance lässt.

In dem Wort »sustainable« – und das wollte Gro Harlem Brundtland, einst Norwegens Außenministerin – steckt eine dramatische Botschaft: Wer »sustainable development« fordert, räumt damit ein, dass, was wir bislang betrieben und noch betreiben, nicht durchzuhalten ist, in Sackgassen gerät, sich festfressen muss: jene Entwicklung, die immer mehr Kohlendioxyd freisetzt, immer mehr Landschaft zubetoniert, die Böden vergiftet und die Meere leerfischt.

»Sustain« bedeutet auch »widerstehen«. »Sustainable development« ist daher auch ein Aufruf zum Widerstand gegen eine Ökonomie, die nur nach der maximalen Rendite strebt, ganz gleich, was sie damit künftigen Generationen antut. Sustainability ist ein Prinzip, dem jede verantwortliche Politik zu gehorchen hat. »Gouverner, c'est prévoir.« Regieren heißt vorausblicken, aber eben auch so handeln, dass künftige Generationen eine Chance haben.

Wie sollte man »sustainable« ins Deutsche übersetzen? Mit »durchhaltbar«? »dauerhaft«? oder gar sehr frei mit »zukunftsfähig«, »zukunftstauglich«? Als die offizielle Übersetzung, wahrscheinlich in einem Ministerium, angefertigt wurde, entschied man sich für das Wort »nachhaltig«, das inzwischen von den Landwirtschaftsministerien auch in andere Teile der Verwaltung vorgedrungen war. Ging es nicht darum, dass wir in unserer natürlichen Umwelt nicht mehr einschlagen, als nachwächst?

Aber dieses Wort riecht immer noch nach den Amtsstuben, in denen es über mehr als zwei Jahrhunderte ein kümmerliches Dasein fristen musste. Es hat nicht die dramatische Botschaft von »sustainable«: Ihr dürft auf keinen Fall so weitermachen! Es geht um das Leben, das Überleben der Enkel und Urenkel! So können viele Deutsche mit dem Wort wenig anfangen. Politisch nur bedingt verwendungsfähig ist es auch deshalb, weil es sich als Attribut kaum verwenden lässt. Man kann sich »sustainable Britain« zum Ziel setzen, nicht aber »nachhaltiges Deutschland«. Daher mag es durchaus angemessen sein, in Fachzirkeln und Ministerien über Strategien der Nachhaltigkeit nachzudenken, für die Politik wäre das Wort »zukunftstauglich« vorzuziehen. Es fängt etwas ein von der Dramatik, die in »sustainable« steckt.

Wollte ein Römer über seine Herkunft berichten, so begann er meist mit »Natus sum ...« »Geboren wurde ich« in Syrakus oder Ostia, im Jahr 793 oder 830 ab urbe condita, nach Gründung der Stadt Rom.

Daher bezeichnete »Nation« im Mittelalter und bis ins 18. Jahrhundert die Herkunft eines Menschen. Wenn ein Student sich in Heidelberg immatrikulieren wollte, musste er seine Nationalität angeben. Kam er aus Prag, so war er Böhme, gehörte zur »böhmischen Nation«, ganz gleich, ob seine Muttersprache tschechisch, deutsch oder jiddisch war.

Wenn das »Heilige Römische Reich«, das schon in Urkunden des 12. Jahrhunderts bezeugt ist, im 15. Jahrhundert den Zusatz »deutscher Nation« bekam, so sollte daraus nicht ein Deutsches Reich werden. Es sollte darauf verwiesen werden, woher die Menschen kamen, die das ehrwürdige Römische Reich als christliches Imperium erneuern wollten.

Die französische Revolution schuf einen ganz neuen Begriff von Nation. Nation, das war die Gemeinschaft der Menschen, zufällig Franzosen, die ihre Geschicke in die eigene Hand genommen, Monarchie und Feudalismus abgeschafft und sich vorgenommen hatten, in Freiheit, Gleichheit und Brüderlichkeit zusammenzuleben. Sie wollten sich gegen alle Feinde von innen und von außen behaupten – so kam es zur allgemeinen Wehrpflicht. Nation war also primär eine Willensgemeinschaft. Dazu gehörte, wer dazu gehören und den gemeinsamen Staat mit tragen wollte, auch wenn er anderswo, etwa in Deutschland, geboren war.

Als Napoleon die Niederlande und weite Teile Nordwestdeutschlands und Norditaliens in sein (französisches) Kaiserreich eingliederte, stellte er sich offenbar vor, dass auch Niederländer, Deutsche und Italiener sich schließlich zu dieser Willensgemeinschaft bekennen würden.

Aber durch seine Eroberungskriege weckte Napoleon das Nationalbewusstsein anderswo, vor allem in Spanien und Deutschland. Das deutsche Nationalbewusstsein stand von Anfang an im Gegensatz zu dem, das aus der französischen Revolution entstand. Die Deutschen fanden, sie seien nach Sprache, Sitte und Tradition keine Franzosen, keine »Welschen«, sondern Deutsche, Abkommen der Germanen, der Cherusker, die einst die Römer aus dem Land gejagt hatten, wie die Deutschen Napoleon. Und sie lernten von Johann Gottfried Herder (1744–1803), dass jedes Volk sein eigenes Existenzrecht, seine eigene »Entwickelung« habe (damals kam das Modewort unserer Tage auf). Jedenfalls: Die Deutschen pochten nicht auf politische Grundsätze oder gar Grundwerte, sondern auf ihre Kultur, ihre Geschichte und vor allem auf ihre Sprache. Kein Wunder, dass im 19. Jahrhundert die Forderung aufkam, ein deutscher Staat müsse alle umfassen, die einen deutschen Dialekt sprechen. Und das war, bis ins 20. Jahrhundert hinein, Dynamit für das europäische Staatensystem.

Dabei sprachen die Deutschen meist gar nicht von der »Nation«, sondern vom »deutschen Volk« oder von ihrem »Volkstum«. Das hatten schon Herder und die Romantiker getan, aber nun meinten es deutsche Politiker doch politisch. Das Volk verlange nach dem gemeinsamen Staat, »von der Maas bis an die Memel, von der Etsch bis an den Belt«. Das aber bedeutete für die übrigen Europäer, dass deutscher Nationalismus über die Grenzen der bestehenden Staaten hinausstrebte, auch über die Grenzen des Kaiserreichs von 1871, noch mehr über die von 1919. Das war ein Grund, sich zu fürchten.

Wenn die Briten von ihrer »Nation« sprachen, meinten sie Engländer, Schotten, Waliser und Nordiren, die im »Vereinigten Königreich« das gemeinsame Unterhaus wählten. Wenn Deutsche die Nation beschworen, auch wenn sie Volk sagten, meinten sie auch die Deutschen, die jenseits der Grenzen lebten. Die Kulturnation sollte auch die Staatsnation sein. Der großdeutsche Traum: »Ein Volk, ein Reich«, war auch dann noch populär, als die Nazis noch »ein Führer« anhängten. Das Ergebnis ist bekannt.

Seither redet man in Deutschland nicht mehr gern von »Nation«. So sprechen unsere westlichen Nachbarn ganz selbstverständlich und ohne Pathos von ihrer Nation, während manche Deutschen bis heute erschrecken, wenn ein demokratischer Politiker dies auch tun will. Aber wir werden es lernen müssen. Die Europäische Union ist ein Bund von Nationen, von Nationalstaaten.

So hat das Adjektiv »national« heute zwei ganz verschiedene Bedeutungen. Einerseits hören wir, dass eine EU-Richtlinie in »nationale Gesetzgebung umgesetzt« werden müsse. Das heißt einfach, dass jedes Mitgliedsland der Union ein entsprechendes Gesetz braucht. Wenn dagegen Glatzköpfe sich als »nationale Opposition« feiern, dann meinen sie den aggressiven Nationalismus, der sich ursprünglich aus der Verwechslung von Kulturnation und Staatsnation ergab. Aber nach dem Hitlerkrieg und den Vertreibungen, die er auslöste, leben fast alle Deutschen im (verkleinerten) Deutschland. Insofern ist dieser Nationalismus fern jeder

Realität. Er kann nur noch zum Schaden und auf Kosten der demokratischen Nation propagiert werden, die endlich ihren Platz in Europa gefunden hat.

Was mittelhochdeutsch »nit« heißt und in allen germanischen Sprachen vorkommt, hat als Grundbedeutung Hass, Feindschaft, Zorn. Neid ist also immer schon etwas, wovor man sich hüten muss, etwas Ungehöriges, Unchristliches, Böses: der Hass auf jemanden, der etwas hat, was ich gerne hätte, vielleicht sogar, weil er etwas hat, was ich haben möchte. Dagegen hat das französische »envie« auch eine andere, positive Bedeutung: Man kann sogar sagen: »J'ai nulle envie de vous nuire«, »ich habe keinerlei Lust, ihnen zu schaden«.

Im Deutschen jedenfalls ist dieses Wort nur negativ besetzt. Ein »Neidhammel« ist ein unangenehmer Bursche. Daher eignet sich der Vorwurf, man sei ja nur neidisch, ausgezeichnet für die politische Polemik. Dieser Vorwurf ist so alt wie die Frage nach dem sozialen Ausgleich, der sozialen Gerechtigkeit. Schon im 19. Jahrhundert antworteten Konservative auf die Forderungen der frühen Arbeiterbewegung: »Das ist der pure Neid!« Und das war nicht einmal ganz falsch: Natürlich beneidete eine Arbeiterin, die vierzehn Stunden am Tag für einen dürftigen Lohn malochen musste, die Bürgersfrau, die von alledem keine Ahnung hatte und sich anstrengende Hausarbeit von Dienstmädchen abnehmen ließ. Aber deshalb war die aufkommende Diskussion darüber, ob dies alles in Ordnung sei, noch lange keine »Neiddebatte«.

Im Grunde hat sich da wenig verändert. Im 21. Jahrhundert ist dieses »ihr seid ja nur neidisch« immer noch eine Waffe gegen alle, die sich nicht damit abfinden wollen, dass nur die Reichen reicher werden. Man kann sogar an diesem

Sprachgebrauch ablesen, wie weit rechts der Sprecher steht. Viele Konservative halten eben auch in ihrer Terminologie am Alten fest. Solche Beständigkeit kann wirklich Neid erregen. Aber der Sachdebatte nützt sie nicht.

Pazifismus ist das Nein zum Krieg, das grundsätzliche, bedingungslose, absolute Nein.

Das setzt allerdings voraus, dass Krieg und Frieden sich klar unterscheiden lassen, dass Friede das Ende des Krieges ist, Krieg das Ende des Friedens. Das war so im 19. Jahrhundert, als Kriege noch offiziell erklärt wurden, auch noch im 20. Jahrhundert. Und heute?

Herrscht im Kongo Krieg? In Darfur? In Somalia? Zwischen Israelis und Palästinensern, wo doch die Palästinenser weder eine Armee noch einen Staat haben? Führen die deutschen Soldaten in Afghanistan Krieg, wenn sie Opfer eines Selbstmordattentats werden? Führen sie keinen, wenn ein Selbstmordattentäter in einer deutschen Kaserne sich selbst und möglichst viele Soldaten in die Luft jagt?

Wir haben gesehen – (siehe »*Krieg*«, S. 75) –, dass im 21. Jahrhundert Kriege zwischen Staaten seltener werden, ja schon selten geworden sind, weil sie sich, wie im Irak, auch für den Sieger nicht mehr auszahlen, dass dafür Gewaltausbrüche innerhalb von Staaten immer häufiger werden.

Im Kongo hat entstaatlichte Gewalt mindestens zwei Millionen Opfer gefordert. Sie wütet manchmal verhaltener, nur in entlegenen Regionen, dann wieder heftiger. Aber das ist nicht der klar definierte Unterschied zwischen Krieg und Frieden. Schließlich ist niemand da, der verlässlich Frieden schließen, garantieren oder gar erzwingen könnte. Ein Bürgerkrieg hat ein Ende, wenn eine Partei mit Waffengewalt die Macht im Staate erkämpft hat. Warlords und mehr oder minder kriminelle Banden wollen keinen Frieden, sie leben von der Gewalt, und sie wollen auch keinen Staat, denn er könnte nur ihre dunklen Geschäfte stören. Sie können Pausen einlegen, wenn es ihnen passt, aber das ist kein Friede. Und wenn sie erpressen, plündern oder töten, ist dies kein Krieg.

Was also sollen Pazifisten tun? Wenn sie europäische Regierungen zum Frieden ermahnen, lächeln diese nachsichtig. Kriege gegen ihre Nachbarn wollen und können sie nicht mehr führen, mit und ohne moralischen Zuspruch. Sollen sie in den Kongo, nach Kolumbien oder Darfur gehen und rufen: »Die Waffen nieder!«, da hätten sie Glück, wenn sie nur ausgelacht, nicht abgeknallt würden.

Also agitieren sie gegen die Auslandseinsätze der Bundeswehr, manchmal in einem Ton, als handle es sich um imperialistische Eroberungsfeldzüge. Dabei sind diese Interventionen allesamt für deutsche Regierungen nur eine Last, finanziell und politisch. Was tun die europäischen Soldaten in Bosnien oder im Kosovo? Sie schießen nicht, sie halten die verfeindeten Volksgruppen davon ab, aufeinander zu schießen. Sie leisten Polizeidienste. Es stimmt: Damit können sie noch keinen Frieden stiften. Aber schaffen sie nicht wenigstens Raum für Friedensstifter?

Warum nutzen so wenige Pazifisten die Chance, Kinder aus den verfeindeten Volksgruppen in Ferienlagern miteinander spielen zu lassen, damit sie sich aneinander gewöhnen? Wollen sie sich nicht vom Militär beschützen lassen, weil auch ein Militär, das Polizeidienst tut, ihnen unheimlich, zuwider ist?

Und wie ist das in Afghanistan? Sicher, Pazifisten können den Rückzug aus diesem geschundenen Land verlangen und dies auch begründen: die Soldaten haben den Frieden nicht gebracht. Aber den hat dort seit mehr als drei Jahrzehnten niemand gebracht. Wären Pazifisten bereit, die Verantwortung für das zu übernehmen, was nach dem Abzug der Soldaten zu erwarten ist? Entweder neu aufflammende, unendliche Gewalt zwischen Stämmen und Warlords, Taliban und aufgeklärten Moslems oder, wenigstens in Teilgebieten, die Gewaltherrschaft der Taliban, in der Mädchen keine Schule mehr besuchen und Frauen weder einen Beruf ausüben noch allein das Haus verlassen dürfen?

Wie immer sich ein Afghanistan ohne europäische Soldaten von einem mit ihnen unterscheiden könnte: Es wird ganz sicher nicht der Unterschied zwischen Frieden und Krieg sein, wie ihn die Europäer 1918 oder 1945 kennen gelernt haben.

Es leuchtet ein, dass im 20. Jahrhundert Pazifismus Anti-Militarismus sein musste. Es waren immer Wettrüsten und Militarisierung, die den Kriegen vorausgingen. Davon kann im Europa des 21. Jahrhunderts keine Rede mehr sein. Wo immer am Ende des ersten Jahrzehnts des 21. Jahrhunderts noch Europäer stehen – aus dem Irak sind fast alle spät, zu spät abgezogen worden –, tun sie Polizeidienst. Sie sichern eine gefährdete Waffenruhe. Wer dort für den Frieden arbeiten will, ist willkommen. Aber er wäre nicht mehr Gegner, sondern Partner der Soldaten.

Der Pazifismus, der im 19. Jahrhundert in Europa entstand und im zwanzigsten dem Gemetzel der Weltkriege entsetzt und hilflos zusehen musste, war, wie alle wichtigen Bewegungen, zeitbedingt. Er war vor allem ein hilfloses, folgenloses Aufbäumen gegen den Wahnsinn der Weltkriege.

Aber inzwischen leben wir in einer anderen Welt. Seit dem Ende des Kalten Krieges haben die Militärs im zusammenwachsenden Europa umdenken müssen, noch gründlicher als die in den USA und Russland. Sie sind damit noch nicht am Ende. Die Armeen sind kleiner geworden, die Wehrpflicht seltener und weniger stringent, Panzer sind verkauft oder verschrottet, die Bomberflotten kleiner geworden. Landesverteidigung steht zwar in der Verfassung, aber gegen wen soll sie sich richten?

Dass es keine Friedensbewegung mehr gibt, dass der Pazifismus in Gefahr ist, zur Sekte zu werden, ist Folge seiner Weigerung, ganz neu nachzudenken, sich einzustellen auf eine Welt, in der nicht der Krieg zwischen Staaten, sondern privatisierte Gewalt in zerfallenden Staaten zur entscheidenden Gefahr geworden ist. Auf eine Welt, in der Soldaten oft mehr Gewalt verhindern als anwenden. Auf eine Welt, in der in vielen Teilen der Erde Friede nur zu erreichen ist, wenn Soldaten und Pazifisten sich die Aufgaben aufteilen: wenn Soldaten das Schießen beenden, damit Pazifisten arbeiten können.

Dass in Deutschland die Bundeswehr gründlicher nachdenkt als die Pazifisten, erklärt sich auch dadurch, dass sich im Bundestag eine Partei als radikal-pazifistische Alternative aufführt, deren Vorgänger bis 1989 den anderen deutschen Staat bis in die Klassenzimmer hinein militarisiert haben. Aber die Fehler und Versäumnisse des 20. Jahrhunderts kann man nicht dadurch gutmachen, dass man im 21. Jahrhundert, weit ab von praktischer politischer Verantwortung, das propagiert, was man, als es Zeit gewesen wäre und man diktatorische Macht hatte, nicht getan, sondern kriminalisiert hat.

Wer nicht zurück, sondern nach vorn blickt, wird für ein internationales Gewaltmonopol werben. Der Sicherheitsrat der Vereinten Nationen war ursprünglich so gemeint. Aber letztlich kann, wer dort ein Vetorecht hat, Gewalt anwenden, wo immer er es für angebracht hält. Also muss der Sicherheitsrat gründlich umgestaltet werden durch mehr ständige Mitglieder und Abschaffung des Vetorechts. Das wird unendlich mühsam sein. Es sollte nicht dadurch noch erschwert werden, dass Deutschland auf einen ständigen Sitz pocht. Europäer sind da schon eher zu viele.

Ein solches internationales Gewaltmonopol könnte dann auch mit Autorität da aufgerichtet und legitimiert werden, wo das nationale zerfallen ist. Das wäre dann immer noch nicht die gewaltfreie Welt, wohl aber eine, in der alle Gewalt früher oder später dem Recht unterworfen werden kann.

Wer pragmatische Politik lobt oder einfordert, muss weder die Sprachphilosophie der »Pragmatik« kennen noch die erkenntnistheoretische Schule des »Pragmatismus«. Es reicht durchaus, wenn er weiß, dass das griechische Adjektiv »pragmatikós« »in Geschäften geschickt« meint. Von daher ist es auch korrekt, wenn man sachbezogenes, kenntnisreiches, die Wirklichkeit wahrnehmendes, ernst nehmendes Handeln pragmatisch nennt.

Nur: Kann es ein politisches Handeln geben, das nicht ausgeht von einer in jedem Augenblick spürbaren, sperrigen, schwergewichtigen Wirklichkeit, die sich nur mühsam analysieren, noch viel schwerer ändern lässt? Wer in der Politik von dieser Wirklichkeit absehen, sie übersehen, ignorieren wollte, wäre doch wohl nicht ernst zu nehmen. Politik hat mit Wirklichkeit, mit Sachfragen, Machtfragen zu tun. Was nicht damit zu tun hat, ist nicht Politik. Insofern ist alles, was den Namen Politik verdient, pragmatisch.

Aber so ist das – stets positiv gemeinte – Prädikat »pragmatisch« nicht gemeint.

Wo die Geschichte der Bundesrepublik abgehandelt wird, gehört es schon fast zu den Gemeinplätzen, den Kanzler Willy Brandt als »Visionär«, seinen Nachfolger Helmut Schmidt als »Pragmatiker« einzustufen. Wer mit beiden zu tun hatte, schüttelt den Kopf: Dieser Brandt, der schon als Außenminister bis spät in die Nacht Akten studiert hat, wollte genau wissen, was in Washington, Paris oder Moskau gedacht, geplant und getan wurde. Ihn interessierten nicht nur die Kräfteverhältnisse zwischen den Staaten, mit denen er zu tun hatte, sondern auch die Diskussionen innerhalb dieser Staaten. Nur so ließ sich ein nächster vorsichtiger »pragmatischer« Schritt in seiner Entspannungspolitik verantworten. Falls die Analyse nicht ergab, dass man jetzt nur abwarten konnte.

Natürlich war sein Nachfolger nicht weniger fleißig, nicht weniger bestrebt, der Wirklichkeit auf den Grund zu gehen. Aber warum gilt nur er als »Pragmatiker«? Wahrscheinlich, weil Brandt sich mehr vorgenommen hat. Er wollte allen Ernstes den Kalten Krieg in Europa entschärfen, vielleicht sogar überwinden. Er, der als Berliner Bürgermeister zum Symbol des Widerstands gegen die Kommunisten geworden war, kam nach dem Bau der Berliner Mauer zu dem Schluss, so könne es nicht beliebig lange weitergehen. Und sein Ziel war, mitten im Kalten Krieg, so ehrgeizig, dass man wirklich von einer Vision reden konnte. Aber er hat es erreicht, nicht durch realitätsfernes Predigen, sondern durch unzählige kleine Veränderungen gegen wütenden Widerstand. Erst wenn wieder einmal ein kleiner Schritt gelungen war, konnte der nächste sorgfältig vorbereitet werden. Und immer mussten ein halbes Dutzend verschiedener Realitäten beachtet werden: Wie weit gehen die Amerikaner mit? Wie stehen die Kräfteverhältnisse im Politbüro der KPdSU? Werden die Briten nervös? Fühlen sich die Franzosen ausreichend informiert? Die Ostpolitik Brandts war eine höchst pragmatische Politik, deshalb erreichte sie auch ihr Ziel. Aber eben: Sie wollte nicht nur das Bestehende sauber verwalten, sie wollte verändern, und dies nicht nur kosmetisch. Sie hatte ein Ziel, das zuerst einmal von der Realität weit entfernt war.

Schmidt wurde Kanzler, als Europa mit den Folgen der ersten Ölpreiskrise zu kämpfen hatte. Er machte sich einen Namen als Krisenmanager. Er war der beste, den die Republik je hatte. Das war nicht wenig. Wer Visionen habe, möge zum Arzt gehen, spottete er. Er wollte der kompetente Vorstandsvorsitzende der Deutschland AG sein, die Wirtschaft in Gang halten, sie wieder in Gang bringen. In der Methode unterschied er sich nicht von Brandt: Saubere Analyse, kleine Schritte, von denen der nächste erst zu verantworten war, wenn der letzte sich als richtig erwiesen hatte.

Dass Helmut Schmidt als Pragmatiker gilt, Willy Brandt nicht, zeigt, dass das begehrte Prädikat »pragmatisch« im Deutschen eine gefährliche Schlagseite bekommen hat: Pragmatisch – und damit realistisch, seriös – handelt nur, wer keine weiter reichenden Ziele hat, wer nichts von Belang verändern will. Ein Pragmatiker ist, wer den Laden am Laufen halten will, wer dafür sorgt, dass die Wirtschaft wächst, die Verwaltung funktioniert, aber auch, wer sich darüber hinaus keine unnötigen und doch nur störenden Gedanken macht, zumal keine, die am Bestehenden rütteln könnten. Kritiker nennen diese Art, Politik zu machen, auch »muddle through«, durchwursteln. Und die Kritiker dieser Kritiker wenden ein, nach Karl Popper seien trial and error, Versuch und Irrtum, dazu natürlich die Korrektur des Irrtums, die einzige redliche Art, weiterzukommen. Wer mehr wolle, täusche sich und andere. Er sei ein Ideologe.

Natürlich muss immer nachgebessert werden, sonst läuft der Laden nicht. Aber Brandts »Mehr Demokratie wagen!« sei weit darüber hinausgegangen. So etwas könne die Gewichte verschieben, Gesellschaft verändern. Ein Zeichen dafür sei die RAF und ihr Terror gewesen.

Kurz: Nach deutschem Sprachgebrauch ist ein Pragmatiker im Kern konservativ, genauer: strukturkonservativ (siehe »*Wertkonservativ*« S. 187). So, wie im Deutschen das Adjektiv und das Adverb »pragmatisch« verwendet wird, lässt sich jedes Streben nach Veränderung, also jede linke Politik, als Traumtänzerei abtun. Wenn aber jede vernünftige Politik pragmatisch sein muss – was kaum zu bestreiten ist –, als pragmatisch aber nur gilt, was das Bestehende funktionsfähig erhält, ist eine Sperre gegen linke Neigungen schon in die Sprache eingebaut. Und sprachliche Sperren sind wirksam, zumal wenn niemand sie bemerkt.

Wenn eine junge Französin bei jeder Gelegenheit versichert: »pas de problème«, so zeigt sie damit, dass sie sich von den Schwierigkeiten des Alltags nicht anfechten lässt. Probleme? Von wegen!

Dagegen entsteht ein Problem, wenn das Hochwasser einen hölzernen Steg über den Bach weggerissen hat, der quer durch das Dorf fließt. Die Dorfbewohner kommen nicht mehr über den Bach, sie sind zu einem weiten Umweg gezwungen. Also hat auch der Bürgermeister ein Problem: Er muss für einen neuen Steg sorgen, einem Zimmermann oder auch einem Bauunternehmer den Auftrag geben, einen neuen, möglichst widerstandsfähigeren Übergang zu schaffen. Kann der Bürgermeister den neuen Steg feierlich einweihen, so hat er sein Problem, ja das Problem gelöst. So weit, so gut.

Wenn eine Bundesregierung das Kindergeld erhöht, kann ein Redner der Opposition, der natürlich auch dafür ist, einwenden: »Aber damit lösen Sie das Problem der Familie nicht!« Das klingt markig, fast seriös. Es ist auch nicht falsch. Aber es ist ganz und gar unsinnig. Natürlich hat die Regierung nie behauptet, mit der Erhöhung des Kindergeldes sei »das Problem der Familie« gelöst. Niemand könnte genau sagen, was denn »das Problem der Familie« sei, auch der Redner nicht, der es beschwört.

Fast bei allem, was eine Regierung tut, lässt sich, ganz zu Recht, einwenden, dadurch werde ein Problem nicht gelöst. Politik ist nicht Mathematik: Hier das Problem, dort die Lösung. Politik stellt unzählige Aufgaben, welche die dafür Verantwortlichen langsam, mühsam, Schritt für Schritt, abzuarbeiten versuchen. Natürlich »löst« Entwicklungshilfe »das Problem der Entwicklungsländer« nicht. Natürlich »lösen« farbige Kennzeichen für Kalorienreichtum auf den Verpackungen der Lebensmittel »das Problem der Fettleibigkeit« nicht. Und so fort.

Es geht aber gar nicht darum, das »Problem der Familie zu lösen«, sondern dafür zu sorgen, dass Eltern, die Kinder aufziehen, nicht schlechter gestellt sind als Singles, die dies nicht tun. Es geht nicht darum, »das Problem der Entwicklungsländer zu lösen«, sondern um Hilfe für arme Länder, die gegen Hunger, Wassermangel, Korruption und Gewalt anzukämpfen haben. Das »Problem der Fettleibigkeit« wird so rasch nicht und vollständig nie gelöst werden, aber wir können manches tun, damit weniger Kinder dazu verführt werden, sich mit Schokolade und Pommes frites vollzustopfen.

Daher ist die Denkfigur: »Problem – Lösung« in neun von zehn Fällen unangemessen. Sie geht an der Wirklichkeit vorbei, ja verdunkelt und verbirgt sie. Für Politiker ist es gesund und bildend, immer, wenn sich ihnen das Wort »Problem« aufdrängen will, nach einem präziseren, vielleicht bescheideneren, aber realitätsnäheren Ausdruck zu suchen. Vielleicht ist eine politische Rede umso präziser, je seltener darin das Wort »Problem« auftaucht. Und ein Politiker umso vertrauenswürdiger, je weniger er sich auf seine »Problemlösungskompetenz« einbildet.

Wer das Besondere, Einmalige, Kennzeichnende eines Menschen darstellen oder gar karikieren will, zeichnet ihn meist im Profil. Die fliehende Stirn, die prominente Nase, die wilden Augenbrauen, das energische Kinn, das alles lässt sich im Profil am besten herausarbeiten. Portrait-Scherenschnitte aus der Zeit der Klassik illustrieren dies eindrucksvoll.

Daher kommt es wohl, dass wir von einem Menschen sagen, er oder sie habe Profil. Gemeint ist: da wissen wir, mit wem wir es zu tun haben, wofür er steht, was seine Überzeugungen, seine Interessen, seine Neigungen und Abneigungen sind, was er, wenn's darauf ankommt, tun wird und was er sicher nie tun wird. Das Profil eines Menschen macht ihn für andere erkennbar, vertrauenswürdig und einigermaßen berechenbar. Man kann sich an ihm reiben, sich aber auch mit ihm identifizieren, Ja oder Nein zu ihm sagen. Er ist Angriffsziel und Orientierungspunkt.

Solche Gestalten hat es immer gegeben, in einer Demokratie wohl noch häufiger als anderswo, weil in ihr Gegensätze offen ausgetragen werden. Was es nicht immer gab, war das Wort »profilieren«. Als der Autor 1961 in den Bundestag einzog, kannte er es noch nicht. Aber er lernte Politiker mit Profil kennen: Den alten Adenauer, der an seinen Freunden ebenso unerschütterlich festhielt wie an seinen Feinden, bei dem man immer schon vorher wusste, was er sagen würde; Herbert Wehner, zu dessen Profil es gehörte, dass man genau dies nie wusste; Adolf Arndt, der bedeutendste Rechtspolitiker der Republik, bei dem man aufpassen musste, damit man seine rechtsphilosophischen Bemerkungen auch mitbekam; Thomas Dehler, dessen politische Leidenschaft auch die bewunderten, die selten mit ihm einig waren; Gustav Heinemann, der aus der Regierung Adenauer ausgetreten war und der seine Leidenschaft hinter präzis-trockenen Formulierungen verbarg.

Ein junger Abgeordneter konnte da viel lernen. Aber wie erwarb man so ein Profil? Ein erfahrener schwäbischer Landsmann gab dem Autor den Rat, in einem Ausschuss »saubere Arbeit« zu leisten, das werde dann schon bemerkt werden. Dass es Methoden geben könnte, sich selbst zu »profilieren«, etwa indem man Journalisten beim Bier etwas steckte, was am nächsten Tag in der Zeitung stand, das kam ihm gar nicht in den Sinn.

Heute ist das anders. Es gibt zwar – um es vorsichtig zu sagen – nicht mehr Frauen und Männer mit Profil im Deutschen Bundestag – von den Landtagen reden ohnehin nur die unmittelbar Beteiligten –, aber wir erfahren täglich, wer sich womit profilieren will. Das geht so weit, dass einer Abgeordneten, die wirklich eine gute Idee hat oder sich gegen einen Gesetzesparagraphen wehrt, sofort bescheinigt wird, sie wolle sich damit nur profilieren. Was immer jemand tut, weil er der Sache dienen will, manchmal auch, weil er nicht anders kann, wird als Selbstprofilierung gedeutet, als Treibsatz für die Karriere. Mit dem Erfolg, dass viele ein Profil bekommen, das sie nicht wollen und oft auch nicht verdienen: Das Profil des Profilsüchtigen, des Profilneurotikers. Und das kann politisch tödlich sein.

Je mehr von Profilierung geredet wird, je raffinierter die Methoden der Profilierung werden, je selbstverständlicher angenommen wird, dass Politiker nur ihre Profilierung betreiben, desto seltener entstehen politische Profile, an denen Wählerinnen und Wähler sich orientieren können, zu dem sie ein klares und begründetes Ja oder Nein sagen können. Karrierismus, und stecke dahinter noch so viel kluge Überlegung, schafft kein Vertrauen. Man fühlt die Absicht, und man ist verstimmt. Oft sogar, wo es diese Absicht gar nicht gibt. Wo die Öffentlichkeit von jungen Politikern erwartet, dass sie sich profilieren, reifen kaum Profile. Schade. Jammerschade.

Wer die Rüstungs- und Abrüstungsdebatten des Kalten Krieges miterlebt hat und versucht, die Raketenabwehrdebatte von heute zu verstehen, reibt sich verwirrt die Augen: Habe ich damals alles falsch verstanden oder bin ich heute nicht mehr ganz auf der Höhe?

Damals standen sich zwei hochgerüstete Atommächte gegenüber, die beide das Potential hatten, die andere Seite tödlich zu treffen, ja mehrfach zu vernichten. Damit keine Seite in Versuchung geriet, musste jede Seite die Fähigkeit haben, auch nach einem Vernichtungsschlag der anderen noch zurückzuschlagen. Man nannte dies die »second strike capability«. Es musste sichergestellt sein, dass Mord notwendig auch Selbstmord bedeutete. Die Sicherheit der USA beruhte also nicht darauf, dass sie die sowjetischen Raketen abfangen konnte, sondern auf der Fähigkeit, auch im schlimmsten Fall noch zurückzuschlagen, den Gegner zu vernichten.

Dass wir den Kalten Krieg überlebt haben, dürfte zu einem guten Teil diesem Tatbestand zu verdanken sein, auch dem sehr dürftigen Erfolg der Vereinigten Staaten bei dem Bemühen, sich durch einen funktionierenden Raketenschild den entscheidenden Vorteil zu verschaffen. Natürlich war das, was damals unter »Star wars« lief und »das Fenster der Verwundbarkeit« schließen sollte, erst einmal defensiv angelegt. Aber hätte diese Defensive funktioniert, wäre die Offensive wieder möglich geworden. Dies erklärt die extreme Sensibilität der Russen gegenüber allen Raketenabwehrsystemen. Wer unverwundbar wäre, wäre der Herr über alle anderen. So war das schon bei Siegfried in der Nibelungensage. Nur: Es blieb die verwundbare Stelle, wo ein Lindenblatt das Drachenblut abgehalten hatte. Sie blieb und bleibt auch bei den Vereinigten Staaten. Das haben die Amerikaner am 11.9.2001 gelernt.

Heute wird argumentiert, der Iran – Nordkorea kommt wohl kaum mehr in Frage – könne, entgegen seinen Zusicherungen, in einigen Jahren vielleicht doch eine – oder gar zwei oder drei? – Raketen mit atomaren Sprengköpfen auf die USA abfeuern. Dazu brauche man einen Abwehrschirm. Die Europäer, näher am Iran gelegen, sind auf eine solche Idee bislang nicht gekommen. Vielleicht haben sie die Debatten der Siebzigerjahre noch nicht vergessen.

Denn was auch immer der Iran in fünf, zehn oder fünfzehn Jahren errüsten kann, es wird unendlich weit entfernt sein von der Fähigkeit, die Vereinigten Staaten zu vernichten, noch weiter davon, einen vernichtenden Gegenschlag von dort zu verhindern.

Dies aber bedeutet, dass die erste Rakete auf die USA innerhalb von Stunden zur Zerstörung sämtlicher iranischen Großstädte und der gesamten Infrastruktur führen müsste. Was für die Sowjetunion mehrfach ausgereicht hätte, reicht für den Iran hundertmal. Wenn die Verantwortlichen dort sich dies nicht selbst ausrechnen könnten, was höchst unwahrscheinlich ist, könnte man es ihnen sagen. Und hinzufügen: Das gilt auch für einen atomaren Angriff auf Israel.

Daher hat ein Raketenschutzschild gegen den Iran nur einen Sinn, wenn man unterstellt, dass in Teheran komplett Verrückte über Leben und Tod ihres Volkes entscheiden. Man mag dabei auf die fanatischen Tiraden des iranischen Präsidenten verweisen, ihn als Terroristen, oder gar einen Selbstmordattentäter im Amt einstufen.

Aber nur, wenn man einen Denkfehler begeht, der sich aus der Ideologie der Bush-Regierung ergibt. Dass man nicht unterscheidet zwischen einer kriminellen Bande und einem Staat. Bin Laden ist so gefährlich, so schwer zu besiegen, eben weil er keinen Staat vertritt, für kein Territorium, für kein Staatsvolk verantwortlich ist. Er kann überall zuschlagen und ist nirgends zu treffen. Wenn er zuschlagen lässt, weiß der Getroffene nie, wohin sein Vergeltungsschlag gehen könnte. Deshalb könnte atomarer Terror unsere Zivilisation tief verwunden.

Der iranische Präsident jedoch ist der – übrigens frei gewählte – Repräsentant eines großen Staates. Auch ein Gottesstaat ist ein Staat. Auch dort gibt es eine Staatsraison. Und die spricht auf alle Fälle gegen den Untergang des Landes. Kein Präsident hat das Recht, praktisch auch nicht die Möglichkeit, seinem Volk den offenkundigen Selbstmord zu verordnen.

Eine gewaltige Überlegenheit an atomaren Waffen gibt den USA heute wie vor 40 Jahren Sicherheit, auch vor iranischen Raketen. Solange den mehr als 50 Millionen Iranern ihr Leben lieb ist, eine Sicherheit von 99 %. Mehr gibt es auf dieser Erde ohnehin nicht. Und auch der beste Raketenschild bliebe weit unter den 99 %.

Dass eine so simple Überlegung offenbar nicht angestellt wird, hat mit der Ursünde der Bush-Regierung zu tun: der Proklamation des »war on terrorism« vom 12.9.2001.

Wer gegen einen Nicht-Staat wie Al Quaida Krieg führt, missachtet den Unterschied zwischen Staat und Nicht-Staat. Böse ist böse, Schurke ist Schurke, und von Schurken ist jede Bosheit, jede Verrücktheit zu gewärtigen. Wenn es islamistische Selbstmordattentäter gibt, warum sollte nicht auch ein islamistischer Staat Selbstmord begehen? Nur so ließe sich ein Schutzschild rechtfertigen, der nach den Maßstäben, die bis 1990 galten, gänzlich überflüssig ist.

Ja, es gibt Fanatiker, Selbstmordattentäter. Wer sterben will, lässt sich nicht abschrecken. Aber dass ein großer, selbstbewusster Staat, der etwa soviel Einwohner hat wie Frankreich, davon viele junge, kritische, ein Staat, der sich auf eine dreitausendjährige Geschichte beruft, Selbstmord begeht, und zwar ohne ersichtlichen Grund, einfach so, aus Bosheit, weil er zur Achse des Bösen gehört, das kann nur glauben, wer selbst ideologisch verblendet ist.

Seit in Berlin die Schwabenverfolgung ausgebrochen ist, seit man sich mit Plakaten und Slogans gegen die emsigen Zuwanderer aus dem Südwesten wehrt, die schlau und zielstrebig anderen die Jobs wegnehmen, gehört auch der Schwabe in ein politisches Wörterbuch.

Es stimmt natürlich nicht, dass Baden-Württemberg nur von Schwaben besiedelt sei. Sie sind sogar eine Minderheit gegenüber den Kurpfälzern in Mannheim oder Heidelberg, den Franken in Heilbronn oder Crailsheim, den Alemannen in Freiburg oder Lörrach.

Dass hier nicht von Badenern und Württembergern die Rede ist, hat damit zu tun, dass etwa die Hälfte des heutigen Bundeslandes weder badisch noch württembergisch war, ehe Napoleon vor 200 Jahren aus Baden ein Großherzogtum, aus Württemberg gar ein Königreich gemacht hatte. Bis dahin war die Hälfte Baden-Württemberg vorderösterreichisch, kurpfälzisch, hohenlohisch, reichsstädtisch – nirgendwo gab es so viele unabhängige Reichsstädte wie im Südwesten –. Dazu kamen die vielen reichsunmittelbaren Abteien oder Propsteien, also die »geistlichen Gebiete«.

Was nun die wirklichen Schwaben angeht, so gibt es mindestens drei verschiedene Sorten. Einmal die altwürttembergischen Schwaben, vor allem im mittleren Neckarraum, dann die Oberschwaben zwischen Alb und Bodensee und schließlich die bayerischen Schwaben zwischen Iller und Lech, denen das napoleonische Großbayern immerhin einen eigenen Regierungsbezirk – Hauptstadt Augsburg – zugestanden hat. Die altwürttembergischen Schwaben waren evangelisch, zum kleineren Teil auch pietistisch geprägt, die bayerischen und die Oberschwaben überwiegend katholisch. Die Altwürttemberger blickten nach Stuttgart, die Augsburger, Nördlinger oder Memminger nach München und die Oberschwaben, auch wenn nicht alle vorderösterreichisch waren, eher nach Wien. Natürlich verhalten sich die Oberschwaben zu den anderen nicht wie der Oberinspektor zum Inspektor. Sie wohnen im »Oberland«, also weiter oben. Dort wachsen, wie es im Volkslied heißt, nur Schleen, während die Unterländer Trauben ernten.

Im mittleren Neckarraum, bei den Protestanten, begann die Industrialisierung mit Bosch und Daimler sehr viel früher als bei den Oberschwaben südlich der Alb. Und wenn sich die Bewohner der Bundeshauptstadt der Schwabenplage erwehren wollen, dann meinen sie vor allem die Schwaben aus Stuttgart, Reutlingen, Ulm oder Leonberg. Dort wurden Lebensweisheiten wie diese formuliert: »Schaffa, schaffa, spara, spara, Hund verkaufa, selber bella, Katz verkaufa, selber mausa!«

Es stimmt übrigens nicht, was die Stuttgarter Regierung für werbewirksam hält, dass die Menschen im Südwesten alles können, nur nicht hochdeutsch. Erstens können sie wirklich nicht alles. Sie können zum Beispiel keine grundsätzlich andere Landesregierung wählen. Und dann haben die verschiedenen Teile des Landes ein sehr unterschiedliches Verhältnis zum Hochdeutschen. Es war nämlich lange Zeit so, dass man zwar in Baden, nicht aber in Württemberg, zumindest versuchte, Hochdeutsch zu lernen.

Im Königreich Württemberg unterhielten sich die Bürgermeister mit ihren Bürgerinnen, die Landräte mit ihren Bürgermeistern, die Minister mit ihren Ministerialräten, die Offiziere mit ihren Soldaten, die Unternehmer mit ihren Arbeitern nicht auf deutsch, sondern auf schwäbisch.

Das etwas abgeschliffene Honoratioren- oder Pfarrhausschwäbisch war so etwas wie die Amtssprache. Das war übrigens ein Grund dafür, dass in Württemberg der Klassenkampf sehr viel milder ausfiel als anderswo und dass nirgendwo im deutschen Kaiserreich das Verhältnis zwischen Offizieren und »Mannschaften« besser war als in den württembergischen Regimentern.

Diese besondere Amtssprache war nur möglich, weil sie überall verstanden wurde, vom Bodensee bis nach Bad Mergentheim, wo man eigentlich einen fränkischen Dialekt pflegte. In Baden gab es nie eine solche eigene Amtssprache. Die Kurpfälzerin aus Weinheim verstand die Alemannen aus Waldshut beim besten Willen nicht. Da gab es keinen gemeinsamen, verbindenden Dialekt. Also wurde in Baden Deutsch gelernt, in Württemberg nicht. Das Pfarrhausschwäbisch war doch viel schöner, viel menschlicher und vor allem viel heimeliger.

Noch die Generation von Theodor Heuß hat sich deshalb nie wirklich bemüht, deutsch zu lernen. Inzwischen geben sich die Schwaben Mühe, mit begrenztem Erfolg. Aber den Bundestagsabgeordneten aus Baden hört man nicht sofort an, woher sie kommen.

Dass ausgerechnet zu Beginn des 21. Jahrhunderts die Furcht vor den Schwaben umgeht, ist einigermaßen erstaunlich. Denn im Zeitalter von Bildzeitung, Fernsehen und Internet schleifen sich die Unterschiede rasch ab. Auch in urschwäbischen Städten reden die 16-jährigen kaum mehr richtiges Schwäbisch, manchmal sogar schon elegantes – oder verballhorntes – Hochdeutsch. Viel fleißiger als die jungen Leute in Lübeck oder Chemnitz sind sie auch nicht. Dass man Schulden haben kann, finden sie auch nicht schlimmer als die Kinder in Münster. Den Slogan »Geiz ist geil« haben andere erfunden.

Die besorgten Berliner wären zu fragen: Sind all die Bösen, die Ihr Euch vom Halse halten wollt, wirklich Schwaben? Und wenn, sind sie wirklich so ganz anders als Ihr selbst?

Bei den meisten Wörtern, die dieses Buch unter die Lupe nimmt, geht es um ihre – oft schillernde – Bedeutung, ihren Gebrauch und Missbrauch. Dazu ist im Fall des Selbstmordattentäters wenig zu sagen. Eine Selbstmordattentäterin ist eine Frau, die sich selbst tötet, in die Luft sprengt, um möglichst viele andere, Feinde, mit sich in den Tod zu reißen.

Hier soll es auch nicht um die Motivation dieser Menschen gehen, deren Untaten von Politikern häufig als »feige Verbrechen« eingestuft werden, obwohl Feigheit doch wohl das Letzte ist, was man ihnen vorwerfen kann.

Nein, es geht um das Neue, Unerhörte, was mit dem Selbstmordattentat in unsere Welt eingebrochen ist. Seit es menschliche Gemeinschaften gibt, mussten sie mit menschlicher Aggression leben, damit fertig werden. Sie taten es, indem sie dem potentiellen Aggressor, ob er nun von innen kam (als Verbrecher) oder von außen (als Feind), mit schlimmen, ja tödlichen Folgen drohten. Wer das Schwert nahm, sollte durch das Schwert umkommen. Hoch über den Reichsstädten des Mittelalters stand der Galgen. Für die Verteidigung der Stadt heuerte man Söldner an. Wer tötete, sollte den Tod riskieren.

Das galt noch im Kalten Krieg. Die beiden Lager schreckten einander ab. Angriff im Atomzeitalter bedeutete Doppel-Selbstmord. Obwohl der Kalte Krieg ideologisch aufgeheizt war, obwohl jede Seite in der anderen die Verkörperung des Bösen sehen wollte, den Selbstmordattentäter gab es noch nicht, nicht einmal im Reich der Geheimdienste.

Er kam auf in Palästina, bei Menschen, die unter einer Besatzungsmacht litten, der sie militärisch nichts entgegenzusetzen hatten. Dieser Besatzungsmacht Verluste zuzufügen, war schließlich nur noch möglich, wenn der Angreifer bereit war zu sterben. Das Selbstmordattentat war die letzte Waffe der Schwachen, Hilflosen, Gedemütigten, Verzweifelten. Es ging nur darum, Widerstand zu demonstrieren, Rache zu nehmen, Feinde zu töten. Wenn dabei auch noch Unbeteiligte oder gar Freunde mit in den Tod gerissen wurden, nahm man dies hin.

Der Irakkrieg sorgte dafür, dass sich die Methode des Selbstmordattentates über die Welt ausbreitete. Auch im Irak gab es bald eine unbezwingbare Besatzungsmacht, der ernsthafte Verluste nur beizubringen waren, wenn der Angreifer zu sterben bereit war. Inzwischen gibt es Selbstmordattentate in Afghanistan, Pakistan, Indien, Tunesien. Möglich sind sie überall auf der Welt, auch in Europa.

Damit wird wirkungslos, was über Jahrtausende Sicherheit bringen sollte: die Abschreckung. Wer ohnehin sterben will, ist durch nichts abzuschrecken. Wer Selbstmordattentate verhindern will, muss herausfinden, wer möglicherweise dazu bereit sein könnte. Konsequenterweise müsste er Gesinnungen erkunden – und bewerten –, denn gegen die Tat selbst gibt es keine Abschreckung. Unser Rechtssystem aber hebt auf Taten, Fakten, notfalls beweisbare Absichten ab, nicht auf Gesinnungen oder gar religiöse Vorstellungen. Kein Wunder, dass Innenminister immer häufiger in Konflikt geraten mit denen, die Grundrechte verteidigen wollen, schließlich auch mit den Verfassungsgerichten.

Der Selbstmordattentäter – und noch mehr die Selbstmordattentäterin, denn sie ist noch schwerer zu erkennen – beide sind so etwas wie die absolute Waffe. Es gibt keine Gegenwaffe. Diese absolute Waffe steht gerade denen nicht zur Verfügung, deren Militärapparat technisch allen herkömmlichen Armeen weit überlegen ist. Die Vereinigten Staaten, aber auch ihre europäischen NATO-Partner können keine Selbstmordattentäter einsetzen. Einmal, weil sich wohl niemand zur Verfügung stellen würde, zum anderen, weil sie damit gegen alles verstoßen würden, wofür sie einstehen wollen. Menschenwürde verträgt sich nicht mit dem Menschen als Geschoss.

Auf Dauer wird es uns nicht erspart bleiben, darüber nachzudenken, warum ausgerechnet im 21. Jahrhundert Menschen sich umbringen, nur um andere mit in den Tod zu nehmen. Wie tief muss die Demütigung, der Hass, die Verzweiflung und wohl auch die Indoktrinierung reichen, damit sich etwas weltweit verbreitet, was in weniger aufgeklärten Epochen niemandem einfiel?

Vielleicht könnte dieses Nachdenken mit einer gründlichen Analyse des Konflikts beginnen, der den Selbstmordattentäter hervorgebracht hat: des israelisch-palästinensischen.

Was aus einem kleinen Raben, eben ausgeschlüpft, oder einem kleinen Fuchs wird, der sich mit seinen Geschwistern balgt, ist vorgegeben. Sie lernen, was Raben oder Füchse seit Jahrtausenden gelernt haben, und dann tun sie, was Raben oder Füchse immer getan haben.

Was aus einem kleinen Menschen wird, weiß niemand: ein Nobelpreisträger oder ein Alkoholiker, eine Primaballerina oder eine stolze Oma mit 17 Enkeln, ein Fußballprofi oder ein Schürzenjäger, und was aus dem Fußballprofi wird, wenn er für den Fußball zu alt ist, weiß vorher auch niemand. Menschen treffen immer neue Entscheidungen, ergreifen oder verwerfen und verpassen immer neue Chancen. Seit sie nicht mehr eingebunden sind in Großfamilie, Stand, Zunft, Kirchengemeinde, sind sie freier geworden, aber sie müssen sich dafür immer häufiger entscheiden: Was mache ich aus meinem Leben? Ein Leben kann gelingen und misslingen, nicht nur im Urteil der anderen, sondern auch nach den eigenen Maßstäben.

Insofern ist Selbstverwirklichung jedem Menschen aufgetragen, ja auferlegt. Trotzdem ist das Wort »Selbstverwirklichung« erst im letzten Drittel des 20. Jahrhunderts in Mode gekommen. Wer davon sprach, warb dafür, dass Menschen alle Möglichkeiten ausschöpfen, um wirklich werden zu lassen, was in ihnen angelegt ist, alle Gaben zu entfalten und alle Erfahrungen zu machen, alle Rechte wahrzunehmen, die der Verwirklichung des »Selbst« dienlich sind.

Wahrscheinlich hat Goethe Ähnliches im Sinn gehabt, als er den Bildungsroman »Wilhelm Meisters Lehrjahre« schrieb. Aber was unterscheidet Selbstverwirklichung von

Bildung (siehe »*Bildung*« S. 19)? Inwiefern unterschieden sich die Bildungsziele der deutschen Klassiker von dem, was, zumal nach der Studentenrevolte, als Selbstverwirklichung gefordert und manchmal auch gelebt wurde?

Vor allem in dem, wogegen sich der Aufruf zur Selbstverwirklichung wandte: gegen jede Gängelung durch Autoritäten, gegen das, was andere die Ethik des Dienens nannten. Selbstverwirklichung hatte immer Priorität, auch vor dem Dienst an einer Sache, an einer Idee, auch an Menschen, die der Hilfe bedürfen. Wer sich selbst verwirklichen wollte, konnte und wollte kein »Gutmensch« sein (siehe »*Gutmensch*« S. 59).

Sicher, die Arbeit in einer Bürgerinitiative oder gar einer Partei konnte die Selbstverwirklichung fördern. Aber nur solange sie dies tat, war sie sinnvoll. Bindungen, auch familiäre, wurden danach bewertet, ob und wie sie der Selbstverwirklichung dienten. Stand eine Beziehung der Selbstverwirklichung – genauer: dem was man dafür hielt – im Wege, so wurde sie beendet. Was dies für die Partnerin oder den Partner und vor allem für die Kinder aus dieser Beziehung bedeutete, war zweitrangig.

Überhaupt Kinder: Wahrscheinlich ist die Beschäftigung mit Kindern, zumal die Elternschaft – neben vielem anderen – ein Bildungserlebnis ersten Ranges. So lässt sich die Verantwortung für Kinder, die Zuwendung zu Kindern durchaus deuten als Chance der Selbstverwirklichung. Aber eben auch als Ablenkung von dem, was man sich unter Selbstverwirklichung vorstellt. Und da setzt dann die Kritik ein.

Was für den einen das Streben nach Selbstverwirklichung ist, empfinden andere als Egoismus, als Egozentrik, manchmal auch als Selbstverliebtheit, als Narzissmus.

Suchen wir nach Personen, die sehr viel von dem verwirklicht haben, was in ihnen steckte, aus denen ein respektabler Charakter, eine bewunderungswürdige Person, vielleicht sogar ein reifer, weiser Mensch geworden ist, dann stoßen wir meist auf Frauen und Männer, die sich in den Dienst anderer Menschen oder einer großen Sache gestellt haben.

Nelson Mandela hat ein Leben lang für seine Landsleute gegen die Rassentrennung gekämpft. Er hat die besten Jahre seines Lebens im Gefängnis zugebracht – kein optimaler Ort für Selbstverwirklichung –, und doch hat seine menschliche Ausstrahlung, seine natürliche Autorität kontinuierlich zugenommen. Seine Leidenszeit hat ihn nicht rachsüchtig, sondern weiser gemacht. Hat er sich jemals Selbstverwirklichung zum Ziel gesetzt?

Willy Brandt hat sich schon als Schüler einer Sache, einer Idee verschrieben, und er hat dafür immer wieder teuer bezahlt. Er hatte übrigens durchaus Verständnis, ja Sympathie für den Wunsch nach Selbstverwirklichung, aber er fand sie im Engagement für eine Idee. Er konnte sich, nicht ohne Selbstironie, »Parteisoldat« nennen. Was den reifen Brandt auszeichnete, seine Gelassenheit, seine Distanz zu sich selbst, sein untrügliches Unterscheidungsvermögen, auch zwischen Wichtigem und Unwichtigem, nicht zuletzt sein versöhnlicher Humor, hatte er im Dienst an einer Sache erworben, nicht zuletzt durch die Art, wie er mit den Verletzungen fertig wurde, die ihm nicht erspart blieben.

Hildegard Hamm-Brücher, eine der bedeutendsten und sympathischsten Gestalten der Nachkriegszeit, hat für ihre Form des Liberalismus gefochten, sie schließlich auch verkörpert. Die Narben, die sie dabei davontrug, haben sie nicht verhärtet, sondern weiser gemacht. Ob sie wohl je darüber nachgedacht hat, wie sie sich selbst verwirklicht?

Vielleicht geht es mit der Selbstverwirklichung ähnlich wie mit der Elitebildung. Sie gelingt meist nur da, wo wenig oder gar nicht darüber geredet wird. Wo sie bewusst gewollt, zum Lebensziel erhoben wird, pflegt sie zu scheitern. Menschliche Beziehungen können sehr wohl – und ohne sie geht es wohl gar nicht – zur Selbstverwirklichung beitragen. Aber nur, wenn sie nicht zum Zweck der Selbstverwirklichung eingegangen werden. Schon der Verdacht, es sei so, kann eine Beziehung zerstören. Menschen sind nie Mittel zum Zweck, auch nicht zum Zweck der Selbstverwirklichung.

Der Schweizer Dichter Jeremias Gotthelf hat im 19. Jahrhundert, zugegeben etwas blumig, formuliert: »Am Menschen rankt sich der Mensch empor zum Menschengeschlecht.« Ein Mensch verwirklicht sich mit anderen, durch andere, dank der anderen. Wenn ein Leben einigermaßen gelingt, ist dies kein Anlass zum Stolz auf die eigene Leistung, eher zur Dankbarkeit.

Könnte es sein, dass Historiker im Rückblick auf unsere Zeit finden, es sei kein reiner Zufall gewesen, dass der Kult der Selbstverwirklichung zeitlich zusammenfiel mit der Rehabilitierung des Egoismus durch die marktradikale Theorie?

Spätestens seit 1648, seit dem Ende des Dreißigjährigen Krieges, verfügt der moderne Staat über Souveränität, nämlich »höchste, nicht abgeleitete, allumfassende, unbeschränkte Hoheitsgewalt« (Brockhaus 1991). Diese Souveränität gilt völkerrechtlich nach außen, ursprünglich sogar mit dem unbeschränkten »jus ad bellum«, dem Recht zum Krieg, vor allem aber – und dies bis heute – durch den Anspruch auf »Nichteinmischung in die inneren Angelegenheiten«.

Nach innen setzt der souveräne Staat Recht. Um sein Recht durchzusetzen, hat er sein Gewaltmonopol. Es ist Instrument und Ausdruck seiner Souveränität nach innen. Wer die Souveränität ausübt, etwa der absolute Monarch oder, wie in der Schweiz, das zur Abstimmung gerufene Schweizervolk, ist eine Frage der inneren Ordnung.

Rechtlich leben wir immer noch in einer Welt souveräner Staaten. Die Vereinten Nationen sind ein Bund souveräner Staaten. Alle haben offiziell dieselben Rechte. Immer noch berufen sich Staaten darauf, dass andere sich nicht in ihre inneren Angelegenheiten einzumischen haben. Die Staaten des Ostblocks haben dies bis 1989 unentwegt getan, am hartnäckigsten wohl die DDR. Aber das klang oft schon hohl. Darum wurde sogar innerhalb dieser Staaten darüber gespottet. Nachdem die Sowjetunion den Prager Frühling niedergewalzt hatte, kursierte in Prag die scherzhaft-verzweifelte Frage: »Welches ist das friedfertigste Land der Erde?« Antwort: »Die Tschechoslowakei, sie mischt sich nicht einmal in ihre eigenen inneren Angelegenheiten.«

Staaten können allerdings auch freiwillig Teile ihrer Souveränität abtreten. Das Grundgesetz der Bundesrepublik

Deutschland sieht dies in Artikel 24 ausdrücklich vor. Eine Europäische Union, die nicht Teile der Souveränität ihrer Mitgliedstaaten übernähme, verdiente ihren Namen nicht.

Wie aber verhalten sich die zahlreichen Interventionen der letzten 20 Jahre zum Prinzip der Souveränität? War Serbien nicht ein souveräner Staat? War die Vertreibung der albanischen Kosovaren nicht eine innere Angelegenheit? Oder stand das Menschenrecht der albanischen Mehrheit im Kosovo nicht über dem Völkerrecht? Darüber wird heute noch gestritten. Darf ein souveräner Staat mit seinen Bürgern anstellen, was er will? Nach dem Westfälischen Frieden durfte er es mit seinen Untertanen. Die gibt es in Europa nicht mehr.

Der Souveränität nach außen entspricht die Souveränität nach innen, das Gewaltmonopol. Beide bedingen einander. Im Kosovo wurde Gewalt nicht nur ausgeübt von der serbischen Armee, sondern auch von höchst zweifelhaften Milizen und militanten Banden, und dies mit Zustimmung, ja im Auftrag des serbischen Präsidenten. Darunter waren die »Tiger« des »Arkan«. Sie bestanden zur Hälfte aus Berufsverbrechern, und sie hausten ohne Rücksicht auf irgendwelche Gesetze. Kann der Präsident eines Staates, der sein Gewaltmonopol, also seine Souveränität nach innen, an Kriminelle delegiert, noch auf seine Souveränität nach außen pochen?

Ähnliches ist im sudanesischen Darfur zu beobachten. Es scheint, als habe die Regierung in Khartoum den arabischen Reitermilizen freie Hand gelassen, plündernd und mordend die nicht-arabischen Kleinbauern zu terrorisieren. Dabei kommt es nicht darauf an, ob die Herren in Khartoum dies tun, weil sie die Aufmüpfigen bestrafen wollen oder ob sie es zulassen, weil sie selbst ohnmächtig sind, weil die Milizen inzwischen tun, was sie wollen. In jedem Fall wird hier das staatliche Gewaltmonopol an Gewalttäter delegiert, für die kein staatliches Gesetz gilt. Warum sollte sich die Völkergemeinschaft dann so verhalten, als hätte sie es mit der Regierung eines souveränen Staates zu tun?

Noch zweifelhafter wird der Anspruch auf Souveränität nach außen, wo das Gewaltmonopol nach innen gar nicht mehr vorhanden ist. Dass in Kinshasa noch ein paar Männer saßen, die sich Regierung nannten, hat das Gewaltchaos im Kongo, dem mehr als 2 Millionen Menschen zum Opfer fielen, nicht verhindert.

Der Westen hat zugesehen. Nicht, weil er Respekt vor einer imaginären Souveränität gehabt hätte, sondern weil ihm ein Eingreifen in diesem Riesenreich zu teuer, zu gefährlich, zu wenig Erfolg versprechend erschien.

Wo Staaten zerfallen, hat es keinen Sinn mehr, auf ein Völkerrecht zu pochen, das souveräne, handlungsfähige Staaten voraussetzt. Wo die Souveränität nach innen sich verflüchtigt, erlischt die Souveränität nach außen. In Somalia ist dies offenkundig. Wenn die Staatengemeinschaft sich gegen Piraterie wehrt, gegen die privatisierte und kommerzialisierte Gewalt zur See, die im Nicht-Staat Somalia eine ihrer Basen hat, wessen Souveränität wird da verletzt?

Wo der Zerfall von Staaten chaotische Gewalt freisetzt, wo Menschen, zumal Frauen und Kinder, dadurch zum Freiwild werden, hat die Staatengemeinschaft die »responsibility to protect«. Wo immer möglich, müssen die Vereinten Nationen diese Verantwortung übernehmen, Interventionen also vom UNO-Sicherheitsrat angeordnet werden.

Wer dann gegen den Eingriff in die inneren Angelegenheiten eines souveränen Staates oder gar gegen modernen

Imperialismus polemisiert, ist weder progressiv, noch ist er ein Pazifist. Er ist im 21. Jahrhundert noch nicht angekommen. Weniger höflich: Er ist ein Reaktionär.

»Sozial« hat zwei Bedeutungen: eine (meist wissenschaftlich) beschreibende und eine (meist politisch) wertende.

Wo wir von »sozialen Spannungen« oder »sozialen Konflikten« hören, sind einfach Spannungen und Konflikte in einer Gesellschaft gemeint. Sozialgeschichte ist Geschichte, die vor allem die Gesellschaft in den Blick nimmt. Hier wird beschrieben, nicht gewertet. »Sozial« bedeutet »gesellschaftlich«. Fordern Gewerkschaften eine sozialere Politik, so meinen sie, es müsse mehr für sozialen Ausgleich und soziale Gerechtigkeit getan werden. Kein Politiker lässt den Vorwurf auf sich sitzen, seine Politik sei unsozial. Wie das Wort »sozial« aufwertet, muss »unsozial« abwerten.

Wo gewertet wird, wird auch gestritten. Ist es sozial, wenn bei Lohnerhöhungen alle denselben Betrag bekommen oder wenn alle Löhne um 3,2 % erhöht werden? Was ist sozialer, Kinderfreibeträge bei der Einkommensteuer oder gleiches Kindergeld für alle?

Aus dem Prädikat »sozial« lässt sich daher noch keine Politik ableiten. Insofern ist diese Wertung unverbindlich. Aber – und so hat auch das Verfassungsgericht den »sozialen Bundesstaat« interpretiert – eine soziale Republik muss nach sozialer Gerechtigkeit streben, nicht einfach für gerecht erklären, was der Markt an Fakten schafft.

Zur »Sozialen Marktwirtschaft« bekennen sich heute alle Parteien. Nur meinen sie damit sehr Verschiedenes. Auch Marktradikale sind dafür. Für sie ist der Markt umso sozialer, je freier er ist, denn er verteilt die Güter gerecht, dem Tüchtigen gibt er mehr als dem Faulen. So kann er »Soziale Marktwirtschaft« sagen und Marktradikalismus meinen.

Kein Wunder, dass in der Finanzkrise die einen die »Soziale Marktwirtschaft« verteidigen, die anderen sie erneuern, die dritten sie wiederherstellen wollen.

Wo Sozialdemokraten oder Anhänger der christlichen Soziallehre in den Unionsparteien von sozialer Marktwirtschaft reden, meinen sie, dass der Staat für sozialen Ausgleich und soziale Sicherung zuständig ist, also auch dafür, dem Markt einen gesetzlichen Rahmen zu zimmern, der für Ausgleich sorgt. Wie der Rahmen im einzelnen aussehen soll, sagt das Wort »sozial« nicht. Dass es ihn geben soll, sehr wohl.

Natürlich haben die beiden Bedeutungen, die wissenschaftlich beschreibende und die politisch wertende, miteinander zu tun. Wer, wie Margarete Thatcher, nur Individuen, aber keine Gesellschaft kennt, ist auf »soziale Politik« nicht ansprechbar. Wo es keine Gesellschaft gibt, kann man auch nicht für eine gerechtere Gesellschaft eintreten.

Vielleicht lässt sich heute noch eine andere Brücke zwischen den beiden Bedeutungen schlagen: Wo weltweit die Spaltung von Gesellschaften droht oder im Gange ist und mit ihr die Privatisierung der Gewalt, ist soziale Politik alles, was diese Spaltung bremst, aufhält, verhindert oder auch rückgängig macht, also alles, was Gesellschaften zusammenhält oder wieder zusammenbringt. Wer »sozial« so versteht, dürfte für eine Mehrheit sprechen. Und er dürfte im 21. Jahrhundert angekommen sein.

Auf die Sparkasse trägt man das Geld, das übrig bleibt, nachdem alles bezahlt ist, was man zum Leben für nötig hält. Worauf er nicht verzichten kann oder will, entscheidet jeder selbst. Die eine braucht vierzig Zigaretten am Tag, der andere sein Bier, wenn im Fernsehen der »Tatort« kommt. Für die einen gehört Fleisch zum Mittagessen, für die anderen ein Gläschen Rotwein. Auf all dies verzichtet man normalerweise nur, wenn das Geld einfach nicht reichen will, aber nicht, um etwas auf die Sparkasse zu tragen. Aber dann gibt es Dinge, die kann man sich leisten – oder auch nicht: Den Urlaub auf Bali, den Fitness-Klub, das bequemere Auto. Das kann man sich sparen, man kann aber auch darauf sparen, also immer wieder etwas dafür zurücklegen.

Wer viel verdient, muss nicht sparen, nicht sparsam sein, um etwas sparen zu können. Manche können gar nicht so viel ausgeben, wie sie einnehmen, müssen also sparen. »Sparen« hat daher zwei Bedeutungen: etwas übrig haben, was auf »die hohe Kante« gelegt werden kann, oder sparsam umgehen mit dem, was man hat.

Das Englisch »spare« meint übrigens nur das erste: »If you have time to spare, travel in winter by air!« Nur wenn Du Zeit übrig hast, Deine Zeit nicht anderweitig brauchst, dann reise im Winter mit dem Flugzeug. Einsparen wirst Du dabei keine Zeit.

Ein Finanzminister hat meist nicht die Sorge, wie er Haushaltsüberschüsse anlegt, sondern wieviel neue Schulden er verantworten kann. Also bedeutet Sparen für ihn: nur das Nötigste ausgeben. Aber eben: Was ist das Nötigste? Natürlich hat dazu jeder Ressortminister seine eigenen Vorstellungen: Der Verteidigungsminister verweist auf heruntergekommene Kasernen, der Außenminister will nicht schon wieder Goethe-Institute schließen, der Sozialminister legt dar, wie sich die Kaufkraft der Rentner verringert hat, der Verkehrsminister macht klar, wieviel von seinem Etat allein für die Instandhaltung von Straßen und Autobahnen gebraucht wird.

Dass »der Staat« sparen, sparsam mit seinem Geld umgehen soll, gehört zum Selbstverständlichen, zumal dieser Staat sein Geld ja nur dadurch bekommt, dass er »den Bürgern in die Tasche greift«, was sonst nur Taschendiebe tun. So hat Winston Churchill einem jungen Kandidaten für das Unterhaus geraten: »Sage in jeder Rede: der Staat muss sparen!« aber der erfahrene Premierminister hat hinzugefügt: »Nur sage nie, wo!«

Ja, wo? Weniger Lehrer? Weniger Polizisten, Staatsanwälte? Weniger Kontrolleure, die nach Gammelfleisch fahnden? Weniger Gehalt für sie alle? Weniger Geld für Rettungsdienste, für die Resozialisierung jugendlicher Straftäter? Für Umgehungsstraßen, die den Verkehr in den Städten beruhigen sollen? Oder gar für das Kindergeld, für die Rentner, die Empfänger von Sozialhilfe?

Sobald nicht mehr abstrakt geredet wird, sondern gesagt wird, was denn an den Ausgaben von Kommunen, Ländern und Bund überflüssig sei, dürfte der Widerspruch nicht nur unvermeidlich, er könnte sogar so einleuchtend begründet sein, dass die Mehrheit einsieht: So geht es wohl nicht, hier wird am falschen Ende gespart. Aber es gibt eben sehr viele falsche Enden. Wird im Bund oder in den Ländern ein Haushalt aufgestellt, so sitzen nicht irgendwo gelangweilte Minister, die stundenlang nachdenken müssen, bis sie auf eine neue

Idee kommen, mit der sie mehr Geld ausgeben können. Da wird in der Haushaltsabteilung zusammengestellt, was im Laufe des letzten oder auch vorletzten Jahres an neuen, »unabweisbaren« Aufgaben aufgelistet wurde. Und dann wird darüber diskutiert, was davon trotz allem abgewiesen werden muss, damit der Haushaltsrahmen eingehalten werden kann. Natürlich finden die Beamten des Finanzministeriums noch mehr Abweisbares, zumindest Verschiebbares, und das trägt der Finanzminister notfalls dem Ressortminister im Einzelgespräch vor. Was dann schließlich im Kabinett beschlossen wird, prüfen die Abgeordneten des Haushaltsausschusses, und sie sind stolz, wenn sie noch etwas gestrichen haben.

Organisationen, die sich als Sachwalter »der Steuerzahler« schlechthin ausgeben, malen vom »Staat« das Bild eines gierigen, gefräßigen Ungeheuers, das mehr in sich hineinfrisst, als es verdauen kann und daher vieles davon irgendwo in die Gegend spuckt. Die »Steuerzahler« haben davon nichts, allenfalls die widerliche Pflicht, das Ausgespuckte wegzuräumen. Daher ist es auch ganz in Ordnung, wenn vor allem betuchte Steuerzahler intensiv darüber nachdenken – oder von Fachleuten nachdenken lassen –, wie man mühsam Erworbenes vor dem Untier in Sicherheit bringt, legal oder eben nicht ganz legal. Ein Zumwinkel hat wohl nie einen Geschäftspartner betrogen. Nur den Staat.

In Wirklichkeit hat ein geordnetes Gemeinwesen immer mehr sinnvolle Aufgaben, als Geld zur Verfügung steht. Sparen bedeutet daher meist Verschieben des Notwendigen. Ja, die Kasernen müssen repariert werden. Aber jetzt gleich? Alle, oder nur ein Teil? Welche in diesem Jahr, welche im nächsten, welche im übernächsten? So verlaufen Haushaltsverhandlungen. Projekte, die nicht sauber begründet sind, haben da keine Chance. Jedenfalls keine größere als in der Privatwirtschaft. Irrtümer sind unvermeidlich, wo Menschen sind.

Die Stimmen, die uns unaufhörlich einhämmern, »der Staat« müsse weit mehr »sparen«, kümmern sich gar nicht um das, was dieser Staat für seine Bürgerinnen und Bürger zu leisten hat. Er soll gefälligst weniger tun, seine Tätigkeit einschränken, so viel wie möglich dem Markt überlassen: Die Müllabfuhr, die Wasserversorgung, den Nahverkehr, aber dann auch die Bewährungshilfe, die Gerichtshilfe, die forensische Psychiatrie, die Gefängnisse. Ob das dann wirklich billiger wird, ist nicht so wichtig. Ob es dem Sinn der Verfassung entspricht, zu privatisieren, was Ausfluss des staatlichen Gewaltmonopols ist, wurde lange Zeit weggedrückt. Der Markt war allemal klüger als die Politik.

»Sparen hat also nicht nur die zwei Bedeutungen: etwas beiseite legen und sparsam mit Geld umgehen. Es hat, wo es um den Staat geht, eine dritte Bedeutung: demontieren, ausgliedern, privatisieren, dem Markt überlassen. Und dies geschieht am geräuschlosesten durch Aushungern. Wer immer nur für weniger Steuern und gleichzeitig für weniger Schulden kämpft, meint das Aushungern.

Aber die Zeiten ändern sich, das Pendel, das 25 Jahre gegen »den Staat« ausschlug, kommt zurück. Seit auf den deregulierten Finanzmärkten eine Billion oder gar zwei oder vielleicht drei, das heißt 3000 Milliarden Dollar vernichtet, verbrannt wurden, dürften wir gemerkt haben, dass der Markt nicht immer klüger und der hilflose Staat nicht im Interesse der Bürger ist, nicht einmal im Interesse der Märkte.

Wer daran zu zweifeln wagt, dass der Markt immer klüger sei als die Politik, wer sich nicht damit abfinden will, dass eine Mehrheit der Deutschen glaubt, es gehe sehr ungerecht zu im Lande, ungerechter denn je, kann damit rechnen, dass ihm sofort die »Staatsquote« entgegengehalten wird. Sie sei schließlich hoch genug, viel zu hoch. Willst Du sie noch höher?

Die »allgemeine Staatsquote« ist laut Brockhaus »das Verhältnis der gesamten öffentlichen Ausgaben (Gebietskörperschaften und Sozialversicherung) zu einer Sozialproduktgröße (meist das Bruttoinlandsprodukt BIP)«. Die Staatsquote gibt also an, wie viel Prozent des Sozialprodukts durch öffentliche Kassen fließen, seien es die Haushalte der Kommunen, der Länder und des Bundes oder auch der Rentenversicherung. Dabei stellt sich heraus, dass dies meist nicht viel weniger als die Hälfte des Sozialprodukts ist. 1989 waren es 45,3 %, 1991 durch die Kosten der Vereinigung ganze 49,1 %, in den letzten Jahren schwankt die Quote um 46 %. Reicht das etwa nicht? Soll »der Staat« noch mehr »für sich in Anspruch nehmen?

Geld gehört in die Taschen der Bürger, nicht »des Staates«! Dass dieser Staat die Alterssicherung seiner Bürger nur organisiert – und garantiert! –, was soll's? Je niedriger die »Staatsquote«, desto besser. Eine Staatsquote knapp unter 50 % beweist, dass »der Staat« den Bürgern längst viel zu viel wegnimmt. Bis Mitte Juli arbeitet der Mensch »für den Staat«, wird uns vom Bund der Steuerzahler jährlich vorgerechnet.

Aber die »Staatsquote ist zuerst einmal eine statistische

 Zahl: Wieviel ist durch öffentliche Kassen geflossen?

Wenn »der Staat« Kindergeld auszahlt, natürlich aus Geldern, die erst einmal eingenommen werden müssen, dann steigt die Staatsquote. Unterstützt er die Familien durch Kinderfreibeträge, so sinkt die »Staatsquote«, denn er nimmt ja weniger ein und gibt weniger aus. Sind deshalb Kinderfreibeträge dem Kindergeld vorzuziehen? Vom Freibetrag profitiert die Familie am meisten, die am meisten verdient. Und wer ohnehin keine Lohnsteuer bezahlt, weil schon der Grundfreibetrag das Einkommen übersteigt, hat gar nichts davon. Für den Fiskus kommt beides etwa gleich teuer.

Je älter die Menschen werden, je größer der Anteil der Menschen im Rentenalter wird – und er steigt kontinuierlich –, desto mehr steigt die Staatsquote. Denn alles, was an Rentner ausbezahlt wird, geht in die Staatsquote ein. Je mehr Rentner, desto höher tendenziell die Staatsquote. Wenn die Medizin mit immer neuen und immer kostspieligeren Methoden Krankheiten bekämpft, wenn also der Anteil der Gesundheitskosten am Sozialprodukt steigt, erhöht sich die Staatsquote. Aber bezeugt dies alles ein Ausufern der Staatstätigkeit?

Während die Staatsquote ohne Zutun des Staates steigt, versuchen Politiker, dies durch Einschränkung der Staatstätigkeit zu kompensieren. In fast allen Bundesländern, sogar im konservativen Bayern, sind in den letzten Jahren tausende von Polizeistellen gestrichen worden. Dafür sind die privaten Sicherheitsdienste eine Wachstumsbranche. Zwar sind wir noch nicht so weit wie in den USA, wo auf einen Polizisten bereits, je nach Einzelstaat, zwischen drei und fünf Angestellte von Sicherheitsfirmen kommen. Aber auch bei uns stellt sich schon die Frage, ob die Sicherheit vor Verbrechen zu einer Ware werden darf, die einige sich leisten können, viele nicht.

Die Zahl der großen, öffentlich geförderten Orchester hat in den letzten 15 Jahren abgenommen, die der arbeitslosen Musiker nahm entsprechend zu.

Noch nie sind so viele Stadtwerke privatisiert worden wie in den letzten 20 Jahren. Sicher, das senkt die Staatsquote. Aber ob es die Lebensqualität der Menschen erhöht, ist zumindest offen.

Jedenfalls: Die »Staatsquote« kann sehr wohl steigen, während die Staatstätigkeit abnimmt. Bund, Länder und Gemeinden können sehr wohl Bürokratie abbauen, während die »Staatsquote« steigt. Sie kann auch steigen, während die Steuerquote sinkt, also das, was Bund, Länder und Gemeinden an Steuern einnehmen,.

Über viele Jahre galt bei Ökonomen die Regel, dass eine hohe Staatsquote das Wirtschaftswachstum bremse: Je höher die Quote, desto geringer das Wachstum. Neuere Untersuchungen bestreiten dies. Skandinaviensche Länder mit hoher Staatsquote sind wirtschaftlich erfolgreicher als südeuropäische Länder mit niedrigerer Quote. Die schwedische Staatsquote ist um 7 % höher als die deutsche. Dafür ist die Arbeitslosigkeit geringer, das Pro-Kopf-Einkommen höher.

Die Staatsquote ist eine statistische Zahl, hinter der sich sehr Unterschiedliches verbergen kann. Als politisches Argument taugt sie nicht. Als politische Zielgröße auch nicht. Aber sie lässt sich wunderbar missbrauchen.

»Freiheit und Verantwortung« steht in großen Lettern über Parteitagen, wenn es darum geht, den freien, für sich selbst verantwortlichen Bürger – wobei offen bleibt, ob der bourgeios oder der citoyen gemeint ist – gegen die Übergriffe eines übereifrigen Sozialstaats zu schützen. Gemeint ist dann, dass schließlich jeder und jede zuerst einmal für sich selbst verantwortlich sind, für die eigene Gesundheit, die eigene Bildung, die eigene Leistung. Diese Eigenverantwortung könne und dürfe niemand an den Sozialstaat abtreten. Daran ist nicht alles falsch. Aber ist dies der Kern unserer Verantwortung?

Verantwortung hat mit »Antwort« zu tun, so wie das französische »responsable« mit »réponse« und das englische »responsible« mit »response«. Verantwortung bedeutet in Europa Antwort geben auf die Frage, ob unser Handeln – oder auch Nichthandeln – richtig, vernünftig, für andere hilfreich oder eher falsch, also für andere schädlich, schäbig, unanständig sei. Und da der Mensch das Wesen ist, das sich zu sich selbst verhält, kann und muss er sich auch selbst fragen.

Aber gewöhnlich antworten wir nicht uns selbst, sondern anderen Menschen. »Warum hast Du nicht besser auf Dein Schwesterlein aufgepasst?« fragt die Mutter und erinnert den Neunjährigen an seine Verantwortung für die Kleine, die wieder einmal auf das kaum vernarbte Näschen gefallen ist. Eine Lehrerin muss sich fragen lassen, ob sie rechtzeitig bemerkt hat, dass der sonst so aufgeweckte Bub plötzlich ganz apathisch herumsaß. Und der Innenminister wird gefragt – von den Medien, von der Opposition, von den Parteifreunden –, ob die Polizei wirklich Wasserwerfer einsetzen musste. Dafür ist er verantwortlich.

Verantwortung hat der Mensch, weil er mit anderen zusammenlebt, weil er ein animal sociale ist. Das gilt sogar für die Eigenverantwortung: Soll, muss, darf ich mich heute krank schreiben lassen? Was bedeutet dies für den Handwerksbetrieb? Die drei anderen Mitarbeiter? Und wenn der blaue Montag im Spiel ist: Darf ich das der Versicherung, also den anderen Beitragszahlern zumuten?

Verantwortung ist keine Ausrede für Egoismus, für den Ego-Trip, für das Motto, wenn jeder für sich selbst sorge, sei für alle gesorgt. Verantwortung haben wir, weil Menschen, seit es sie gibt, antworten müssen, auf die Frage: »Wo ist Dein Bruder Abel?« Verantwortung haben wir, weil wir nicht allein auf der Welt, weil wir soziale Wesen und also auf den Nächsten verwiesen sind.

Aus unserer Freiheit ergibt sich zuerst unsere Verantwortung für andere, dann auch für uns selbst, denn wir muten uns ja anderen zu.

Verrat ist ein gefährliches Wort. Verräter hat man meistens umgebracht. Auf »Hochverrat« oder »Landesverrat« stand lange die Todesstrafe. Dem entspricht die Geschichte des Wortes. Nach dem etymologischen Wörterbuch von Kluge/Götze bedeutete das althochdeutsche »firratan« »einen Entschluss zu jemandes Verderben fassen«. Das wurde dann später eingeengt auf Fälle »in denen dies durch Preisgabe von Geheimnissen geschieht«. Es ging also von Anfang an um Leben und Tod. Wo das Wort auftaucht, sind Tod und Mord nicht fern.

Bismarck hatte auch die Sozialdemokraten zu »Reichsfeinden« erklärt. Also schickte die Justiz August Bebel in die Festungshaft, wie man das mit ausländischen Feinden des Reiches tat. Diese Haft ermöglichte es Bebel immerhin, ein Lungenleiden auszukurieren.

Was für Bismarck die Reichsfeinde waren, nannte Hitler die »Novemberverbrecher« oder auch »Novemberverräter«, die der kämpfenden, siegreichen Truppe den Dolch in den Rücken gerammt hatten. Sie hatten – siehe die ursprüngliche Bedeutung von »Verrat« – einen Entschluss zum Verderben des Reiches gefasst. Solche Verräter, das verstand sich von selbst, durfte, ja musste man »ausmerzen« – ein Lieblingswort Hitlers. Und genau das geschah.

Vor dem Wort »Verrat« und natürlich auch dem Verbum verraten sollte eine Warntafel stehen: »Vorsicht! Gefährliche Strecke!« Es passt nicht in Bundestagsdebatten. Was wurde da schon alles verraten: Die deutsche Einheit, die Ostgebiete, die NATO, die Marktwirtschaft, der Sozialstaat. Muss das sein?

Das Grundgesetz hat die Todesstrafe abgeschafft. Demokraten sollten sich gegenseitig niemals »Verrat« vorwerfen. Das Wort riecht nach Tod, nach Mord. Und das seit tausend Jahren.

Allein das Ende der DDR müsste Lenins Devise widerlegen: »Vertrauen ist gut, Kontrolle ist besser.« Die Kontrolle durch die Stasi war 1989 perfekt, aber das Vertrauen in die SED war aufgezehrt.

Kontrolle muss ein, wo Geld ausgegeben oder Macht ausgeübt wird. Menschen sind nicht dagegen gefeit, Macht zu missbrauchen, und es ist auch gar nicht so leicht, beruflich mit Millionen umzugehen und dann zuhause mit den Kindern um zwei Euro Taschengeld zu feilschen. So ist ein Minister in der Demokratie umstellt von Kontrolleuren: Vom Haushaltsausschuss des Parlaments, insbesondere vom Berichterstatter dieses Ausschusses, für seinen Etat, (der seinerseits praktisch von niemandem kontrolliert wird), vom Rechnungshof, von der Opposition, von den Medien, von Rivalen in der eigenen Fraktion. Das ist beschwerlich, aber unvermeidlich, richtig.

Aber Vertrauen? Wird nicht das Misstrauen als demokratische Tugend gepriesen? Misstraut den Mächtigen! Lasst Euch von ihnen nicht einlullen! Lasst ihre Ausflüchte und Allgemeinplätze nicht gelten! Auch das hat sein Recht, solange es die wirklich Mächtigen trifft. Wenn ein »Bund der Steuerzahler«, dem nur eine winzige Minderheit derselben angehört, die Kommunalpolitiker tadelt, die über eine Bundesstraße ein Brückchen für Wanderer bauen ließen, aber kein Wort dazu findet, dass gierige Banker, die nicht wussten, was sie in ihren Tresoren hatten, millionenfach höhere Beträge verbrannten, dann fällt das Misstrauen auf die Misstrauenden zurück. Ging es den Mitgliedern des Kreistags nicht einfach um die Sicherheit der Wanderer, die im Sommer zu Tausenden den überregional bekannten Wanderweg nutzten? Ist das Geldverschwendung?

Wer immer nur misstraut, wird krank. Ohne jedes Vertrauen wird menschliches Zusammenleben unerträglich. Wenn die Mutter dem Vierjährigen verspricht: »Wenn Du brav in den Kindergarten gehst, bekommst Du zum Geburtstag einen Roller«, dann muss sich der Bub darauf verlassen können. Er muss auch wissen, ganz sicher sein, dass der Vater alles liegen und stehen lässt, wenn er brüllend mit blutigem Knie an der Wohnungstür klingelt. Er muss wissen, dass der Vater ihn dann auf den Arm nimmt, ihn tröstet und dann das Knie verbindet. Ohne solches Vertrauen wird Kindheit zum Leiden.

Die Atmosphäre in einem Klassenzimmer kann unerträglich werden, wenn der Lehrer einer Fünfzehnjährigen ein Delikt nachweisen will, das diese standhaft leugnet. Und sie kann sich aufhellen, wenn eine Lehrerin, scheinbar naiv, einer Schülerin sagt: »Wenn Du sagst, Du hast nicht abgeschrieben, dann hast Du eben nicht abgeschrieben.« Vertrauen löst zumindest eine Überlegung aus, wie man diesem Vertrauen begegnet.

Auch demokratische Politik lebt letztlich vom Vertrauen. Wie soll ich jemanden wählen, wenn ich lediglich zu dem Schluss gekommen bin, er sei nicht ganz so schlimm wie sein Gegenkandidat? Bleibe ich dann nicht lieber zuhause? Aber wie entsteht politisches Vertrauen?

Nicht durch die ausgefeilteste Taktik. Nicht durch Anbiederung. Nicht oder doch nicht für lange, durch Populismus. Vertrauen entsteht, wo der Citoyen und die Citoyenne das Gefühl haben: Hier ist ein Mensch, kein perfekter, aber einer, der sich Mühe gibt, der sein Geschäft versteht, der bestimmte Überzeugungen hat, auf die ich mich verlassen kann. Ich weiß zwar nur sehr ungefähr, was er in den nächsten vier Jahren tun wird, aber ich weiß ziemlich genau, was er nie tun wird: Er wird mich nicht belügen, er wird sich nicht bestechen, nicht erpressen lassen. Er mag ehrgeizig sein, aber er ist kein Karrierist. Er wird die unvermeidlichen Kompromisse machen, aber lieber gehen, als das Gegenteil dessen zu verantworten, was er für richtig hält.

Solches Vertrauen ist nicht unbedingt, auch nicht für immer. Es kann enttäuscht, jederzeit entzogen werden. Aber es ist eine menschliche Beziehung. Und ohne menschliche Beziehungen gibt es keine menschliche Politik.

Kontrolle ist nötig. Misstrauen leider auch. Aber eine menschliche Gesellschaft ohne Vertrauen gibt es nicht.

Wachstum gab es über Jahrhunderte nur bei lebenden Wesen. Die Produktion von Salz oder Seidentuch konnte zunehmen oder abnehmen, wachsen konnten nur Pflanzen, Tiere oder Menschen. Und bei allen hatte dieses Wachstum Grenzen. Ein Mensch wächst in den ersten 16 oder 18 Jahren, dann nicht mehr, und irgendwann stirbt er. Eine Maispflanze wächst viel schneller, wird auch höher, blüht, setzt Frucht an, aber schon im Herbst verdorrt sie, wenn der Mensch sie nicht vorher schneidet.

Beim Wachstum der Wirtschaft ist ein Ende nicht vorgesehen. Das Wachstum kann langsamer oder rascher vonstatten gehen, sogar ein »Minuswachstum« ist zeitweise möglich, was ja bei Organismen nicht vorkommt. Dass Wirtschaftswachstum auch Grenzen haben kann, hat uns erst der Club of Rome 1972 klargemacht. Dass eine Wirtschaft sterben kann, können wir uns kaum vorstellen.

Maßstab für Wirtschaftswachstum ist das Bruttosozialprodukt. Es wird statistisch ermittelt. In das Bruttosozialprodukt geht aber nur ein, was am Markt umgesetzt wird, auch am Arbeitsmarkt. Wenn eine Hausfrau vierzehn Stunden am Tag für ihre Kinder sorgt, wachsen und gedeihen zwar die Kinder, nicht aber das Sozialprodukt. Ginge die Frau arbeiten und stellte ein Kindermädchen an, so würden beide Gehälter in die Statistik eingehen, also das Wachstum fördern. Wer sein Gemüse im eigenen Garten pflanzt, hat manche Vorteile: er muss nicht weit laufen, weiß, was er isst und spart überdies Geld. Aber zum Wachstum trägt er nicht bei. Das Sozialprodukt würde wachsen, wenn er im Supermarkt einkauft. Wer zehn Jahre lang unfallfrei Auto fährt, fördert das Wachstum weit weniger als der Nachbar, der jedes Jahr einen Wagen zu Schrott fährt. Am kontinuierlichsten und oft auch am schnellsten wächst der Teil des Sozialprodukts, der die Kosten des Gesundheitswesens widerspiegelt. Werden die Menschen deshalb gesünder?

So gab es schon in den Siebzigerjahren Kritik am »Wachstumsdogma«, also daran, dass das Wachstum zum Maßstab für den Erfolg einer Politik, ja zu deren oberstem Ziel erklärt wurde. Es komme darauf an, was wächst, weniger darauf, wie viel wächst, lautete der Einwand. Man nannte dies »selektives« oder, weniger präzise, »qualitatives« Wachstum. Die herrschende ökonomische Lehre pflegte über solche Gedanken mitleidig zu lächeln.

So blieb die Theorie dieselbe: Je höher das Wachstum, desto besser. Dabei ist es gleichgültig, was da in die Statistik eingeht.

Nur die Praxis spielte nicht mit. Denn inzwischen gibt es schon beinahe Konsens darüber, was alles nicht wachsen soll, sei es aus Gründen der Gesundheit, des Klimaschutzes oder des ökologischen Gleichgewichts. Vieles soll sogar schrumpfen, etwa der Energieverbrauch und damit der Ausstoß von Kohlendioxyd. Natürlich wird die Auto-Industrie nicht wachsen, wenn sie statt spritfressenden Nobelkarossen leichte Kleinwagen herstellen muss. Sehr bald werden wir merken, dass auch bescheidene Klimaziele nicht zu erreichen sind, wenn der Luftverkehr sich – den Prognosen entsprechend – verdoppeln oder gar verdreifachen sollte. Dass der Flächenverbrauch nicht beliebig wachsen darf, hatten wir schon einmal begriffen, dann wieder vergessen, jetzt fällt es uns wieder ein. Der Fleischverbrauch sollte möglichst sinken, wenn weniger Methan und Lachgas in die Atmosphäre gelangen und der Preis für Weizen oder Mais auch für die Armen erschwinglich bleiben soll. Die Fischfangquoten werden kleiner, weil die Meere fast leergefischt sind. Wenn die Fettleibigkeit nicht überhand nehmen soll, muss weniger Fastfood vertilgt werden.

Dafür ist es inzwischen Konsens, dass die Wachstumsraten bei Solardächern oder Windrädern, bei allen erneuerbaren Energien gar nicht hoch genug sein können, dass die Investitionen in Wärmedämmung rasch wachsen müssen, dass Aufforstung forciert werden, dass mehr Gemüse verzehrt werden muss. Und so fort.

Die Dominanz marktradikalen Denkens hat dazu geführt, dass wir – was in der Politik selten vorkommt – in der Praxis schon weiter sind als in der Theorie. Der Wirtschaftsteil der Zeitungen ist nach wie vor fixiert auf die Promille des Wachstums. Werden es 0,7 % oder 0,9 % oder gar minus 1,1 %? In Wirklichkeit kümmern wir uns darum, dass, was schrumpfen soll, auch rasch genug schrumpft, was wachsen soll, noch etwas rascher wächst.

Natürlich kennt auch die Theorie des selektiven Wachstums ein breites Band von Gütern, deren Wachstum von der Politik weder beschleunigt noch gebremst werden muss, also dem Markt überlassen bleiben muss. Ob mehr oder weniger Kühlschränke verkauft werden, geht die Politik nichts an. Wie viel Strom diese Kühlschränke verbrauchen, sehr wohl. Ob eine Bürgerin ihre Lokalzeitung bei trübem oder gleißendem Licht lesen will, interessiert vielleicht ihren Augenarzt, nicht den Bürgermeister oder gar den Bundestagsabgeordneten. Aber dass die in absehbarer Zeit ihre Glühbirne durch eine – nicht mehr birnenförmige – Sparlampe ersetzen muss, hat ausgerechnet die marktfromme EU-Kommission verfügt.

Ob junge Leute lieber mit Sandalen, Stiefeln oder Turnschuhen durch die Stadt schlendern wollen, ist allein ihre Sache. Aber die Politik kann Anreize dafür schaffen, dass die junge Dame nicht mit einem Spritfresser, sondern mit dem Vier-Liter-Auto oder gar mit dem Fahrrad zum Tennisplatz fährt, auch wenn dies das Sozialprodukt verringert.

Selektives Wachstum bedeutet nicht, dass der Staat in jedem Fall dekretiert, ob etwas wachsen soll oder nicht. In weitaus den meisten Fällen überlässt er dies dem Markt. Aber da, wo es um die gedeihliche Zukunft des Ganzen geht, muss er eingreifen, beschleunigen oder bremsen. Das tut er bereits, und zwar immer häufiger, Theorie hin oder her.

»Das ist die Wahrheit!« pflegt Angela Merkel zu sagen, wenn sie, ausnahmsweise, einmal pathetisch wird. Niemand wird ihr unterstellen, sie rede die Unwahrheit, sie lüge. Aber wem fällt da nicht die Frage des Pilatus ein – auch er war ein Politiker: »Was ist Wahrheit?«

Politische Entscheidungen sind weder wahr noch unwahr, sondern richtig oder falsch. Ein Konjunkturprogramm ist weder wahr noch unwahr, es ist richtig oder falsch, und – auch das gehört zur Politik – die einen halten es für richtig, die anderen für falsch. Richtig, das bedeutet: Es erreicht, was es erreichen soll, es ist wirksam, es ist im Interesse des Gemeinwohls, es kurbelt die Wirtschaft an. Falsch bedeutet: Es nützt nichts, es greift an der falschen Stelle an, hinterlässt nur riesige Schulden. Schließlich gehört auch dies zur Politik: Niemand kann mit Sicherheit sagen, wer Recht hat. Das weiß man erst einige Jahre später. Manchmal sind dann aber die Ergebnisse einer politischen Entscheidung so zwiespältig, dass noch die Historiker darüber streiten, was richtig und was falsch war.

Was hat dies alles mit Wahrheit zu tun? Sind etwa die Gründe für eine Entscheidung wahr oder unwahr? Man kann mit guten Gründen behaupten oder bezweifeln, dass Steuersenkungen die Konjunktur ankurbeln. Die einen sagen: Die Leute brauchen nur mehr netto vom Brutto, dann gehen sie einkaufen. Das tut der Wirtschaft gut. Die anderen widersprechen: Die Hälfte der Haushalte, und zwar die ärmere Hälfte, zahlen ohnehin keine Steuern, also wird nur die Sparrate steigen. Beides sind Erwartungen, die richtig oder falsch sein können, die also eintreten können oder auch nicht. Aber bei beiden handelt es sich nicht um Wahrheit oder Unwahrheit. Die Versicherung »Dies ist die Wahrheit!« wäre genauso deplaziert wie der Vorwurf: »Du lügst!« Erwartungen können plausibler sein oder weniger plausibel. Entscheidungen sollen Zukunft verändern, gestalten. Und die Zukunft hat kein Mensch in der Hand.

Demokratische Politik zeichnet sich dadurch aus, dass sie keine absoluten Wahrheiten verkündet. Keine religiösen, wie die Herrschenden im Iran oder in Saudi-Arabien. Keine philosophischen, wie das Politbüro der SED. Was an der Gesellschaftsanalyse von Marx überprüfbare Wahrheit ist, was nicht, sollen die Soziologen unter sich ausmachen. Man kann es nicht politisch mit Mehrheit entscheiden. Dafür gibt es die Wissenschaft. Wo Politik Wahrheit dekretiert, wird sie totalitär. Wo politisch entschieden werden soll, was wahre Kultur ist, was entartete, ist diktatorische Unkultur nicht fern.

Die Frage nach der Wahrheit treibt jede Wissenschaft um. Wenn Astronomen darüber streiten, ob sich das Weltall immer langsamer oder immer schneller ausdehnt, geht es um die Wahrheit, also um die Übereinstimmung von Wirklichkeit und unserem Bild der Wirklichkeit. Wenn Benedict XVI – diesmal als wissenschaftlicher Theologe – in einem Buch über Jesus nachzuweisen versucht, dieser habe mit dem »Reich Gottes« sein eigenes Kommen, seine eigene Wirkung gemeint, wenn andere Theologen ihm widersprechen, geht es um die theologische Wahrheit. Natürlich darf auch ein Politiker sich zu solchen Fragen äußern, aber nur mit Zusätzen: »Erstens rede ich als Bürger, nicht als Minister, zweitens bin ich Laie, verstehe also wenig von der Sache, aber ich meine ...«

Was die richtige Entscheidung ist, kann man – und muss man wohl auch – mit Mehrheit entscheiden, was wahr ist, nicht. Politik ist für Wahrheit nicht zuständig.

Wie kommt es dann, dass Politiker – und natürlich inzwischen auch Politikerinnen – im Geruch stehen, dass sie es mit der Wahrheit nicht so genau nehmen, ja, dass sie lügen? Das hat damit zu tun, dass alle Menschen – und Politiker sind auch Menschen – zur Wahrhaftigkeit verpflichtet sind. Aber was ist Wahrhaftigkeit? Ist es wahrhaftig, wenn ich, einer ausnehmend hässlichen Dame vorgestellt, sie begrüße: »Sind Sie aber hässlich!« Zur Wahrhaftigkeit gehört nicht, dass ich immer alles sage, was ich denke, wohl aber, dass ich nichts sage, was ich nicht für wahr halte. Lügen tun wir, wenn wir etwas sagen, wovon wir bereits wissen, dass es nicht stimmt.

Und das kommt in der Politik so viel und so wenig vor wie im übrigen Leben auch. Eher sogar weniger, weil eine nachgewiesene Lüge das Ende einer Karriere bedeuten kann.

Und doch ist ein Fünkchen Wahrheit in dem, was man der Politik vorwirft. Dass Politiker nie die ganze Wahrheit sagen, haben sie mit allen anderen Menschen gemein, einfach, weil niemand die ganze Wahrheit überblickt. Und doch ist da etwas Besonderes: Politiker wollen meist gar nicht die ganze Wahrheit sagen, sondern den Teil der Wahrheit, der ihre Handlungen stützt, erläutert, begründet.

Demokratische Politik ist Meinungsstreit. Wenn eine Regierung einen Gesetzentwurf vorlegt, wird sie alles darlegen, was dafür spricht. Was dagegen spricht, wird die Opposition schon beisteuern. Und die Opposition weiß zwar sehr wohl, dass vieles dafür spricht, aber das verschweigt sie, genauer: das überlässt sie der Regierung. Kurz: Politiker lügen nicht. Aber sie sagen guten Gewissens nur den Teil der Wahrheit, der das stützt, was sie für richtig halten, erreichen wollen. Sie konzentrieren sich auf die Tatbestände, den Teil der Wirklichkeit, mit dem sie ihre Entscheidung begründen können.

Nein, sie lügen nicht. Sie sagen aber auch nicht die ganze Wahrheit, und dies nicht, weil kein Mensch sie aus der Tasche ziehen kann, sondern weil sie dies auch nicht für ihre Aufgabe, ihre Pflicht halten. Sie wollen begründen, warum richtig ist, was sie für richtig halten. Das ist kein Charakterfehler, sondern so findet demokratische Politik statt, seit die alten Griechen in Athen miteinander diskutiert haben. Und das wird so bleiben, ganz gleich, über welche Medien die Kommunikation läuft. Und die Moral von der Geschicht'? Wer das – häufig begründete – Gefühl hat, hier sei nicht die ganze Wahrheit gesagt worden, der höre sich den politischen Gegner an, lese eine seriöse Zeitung. Dann kennt er zwar immer noch nicht die ganze Wahrheit, aber er kann abwägen.

Wenn aber Politik für Wahrheit nicht zuständig ist, wenn Politiker sich notwendig auf den Teil der Wahrheit konzentrieren, der für ihre Politik spricht, dann ist ein Pathos der Wahrheit eher verdächtig, vielleicht auch ein bisschen komisch.

Wenn Konservative sich zu ihrer Grundhaltung bekennen, dann fügen sie häufig hinzu: »Ich verstehe mich als Wertkonservativer«. Das klingt gut, aber was bedeutet es? Begriffe dieser Art sind plötzlich da, kommen in Mode, niemand kann sagen, woher sie kommen. Beim Wort »wertkonservativ«, genauer bei dem Begriffspaar »wertkonservativ« und »strukturkonservativ« ist dies anders. Daher soll hier über seine Entstehung berichtet, der ursprüngliche Sinn präzisiert werden.

Es war in der Spätzeit der Kanzlerschaft Willy Brandts, wohl 1973, als Brandt nach einer längeren Diskussion eher nebenbei die Bemerkung fallen ließ, »konservativ« sei für ihn kein Schimpfwort. Solche gänzlich unpathetisch vorgebrachten Hinweise, Bruchstücke aus den Überzeugungen eines nachdenklichen Politikers, waren für die einen Zeichen dafür, dass der Kanzler nun doch alt werde, für die anderen, darunter auch den Autor dieses Buches, ein Anlass, diese Gedanken weiterzuspinnen. Damals verband sich dieses Nachdenken mit der Interpretation eines Konflikts, der in Baden-Württemberg ausgetragen wurde. Die Landesregierung wollte eine Autobahn quer über den Südschwarzwald bauen. Das sei unerlässlich für die »wirtschaftliche Entwicklung«. Zustimmung kam von der Industrie- und Handelskammer Freiburg, von Industrieverbänden, auch von einzelnen Kommunen. Die christlichen Demokraten in Südbaden schlossen sich, mehr oder minder überzeugt, ihrem Ministerpräsidenten an, der ja auch in Freiburg zuhause war. Gegen die Autobahn waren natürlich die Bergbauern, deren Viehweiden betoniert oder zerschnitten werden sollten, die Wandervereine, die eine der schönsten Landschaften Deutschlands vor der Zerstörung retten wollten. Aufsehen erregte, dass die dort nicht sehr zahlreichen Jusos sich auch energisch gegen die Autobahn aussprachen, und zwar mit ähnlichen Argumenten wie die Naturschützer.

Filbinger, der Ministerpräsident, verstand sich eindeutig als Konservativer. Aber das taten die Bergbauern auch, und der Schwarzwaldverein wollte auch nur, dass der Südschwarzwald so blieb, wie er war. Und die Jusos? Sie verstanden sich gar nicht als konservativ, aber in diesem Punkt waren sie es.

Es gab also sehr verschiedene Konservative. Im Südschwarzwald kämpften Konservative gegen Konservative. Was unterschied die einen von den anderen?

Die einen verteidigten etwas, was für sie ein Wert, ein hoher Wert war: die unvergleichliche Landschaft des Südschwarzwalds. Andere hatten ihre Interessen: die Industrie brauchte eine belastbare West-Ost-Achse. Und die Landesregierung? Sie wollte mit maximalem Wirtschaftswachstum glänzen, auch um ihre eigene Macht zu festigen. Und sie wollte in Harmonie mit der Wirtschaft regieren. Und die Straßenbauverwaltung wollte tun, was ihres Amtes war: bauen.

Für den widerständigen Konservatismus war der Name leicht zu finden: Die Naturschützer waren »wertkonservativ«. Für die Befürworter der Autobahn bot sich nicht sofort ein Begriff an. »Machtkonservativ«? Das stimmte teilweise, manchmal. Schließlich entschied der Autor sich für das weniger präzise, aber breiter anwendbare »strukturkonservativ«.

Ausgearbeitet wurde diese Unterscheidung dann in einem Buch 1975 (Ende oder Wende). Um deutlich zu machen, was vor bald 35 Jahren gemeint war und was nicht, seien hier ein paar Abschnitte daraus zitiert:

»Es gibt in unserer Gesellschaft vieles, was einer Anstrengung des Bewahrens wert ist. Die Frage ist nur: was kann und soll bewahrt werden, und wie kann dies geschehen?

Schon auf die Frage, was zu konservieren sei, erhalten wir zwei sehr verschiedene Antworten, die beide mit demselben Begriff als konservativ bezeichnet werden. Die eine zielt auf Strukturen: Zu bewahren sei unter allen Umständen und ohne Abstriche das ökonomische System mit seinen Machtstrukturen, zu erhalten seien die Einkommenshierarchien, auch wo sie auf skurrile Weise verzerrt sind, Formen des Welthandels, auch wo sie das nackte Leben ganzer Völker gefährden, nationale Ansprüche, auch wo die Geschichte längst darüber hinweggegangen ist, institutionelle Autorität, auch wo sie sich längst selbst verschlissen hat.

Hier geht es offenkundig um die Konservierung von Machtpositionen, von Privilegien, von Herrschaft. Im Folgenden wird daher von Strukturkonservatismus die Rede sein.

Meist besteht der geistige Fundus dieser Strukturkonservativen aus dem letzten Aufguss des Liberalismus der Jahrhundertwende. Sie geben sich optimistisch, setzen nach wie vor Wachstum mit Fortschritt gleich, glauben an die menschliche Erfindungskraft, die schließlich – technokratisch – alles wieder ins Lot bringe, verwechseln Erfolg mit Leistung, neigen zum Sozialdarwinismus, halten Gerechtigkeit für eine romantische Vokabel und sich selbst für Pragmatiker, weil sie es als Zeitverschwendung ansehen, über ihre eigenen Werturteile zu reflektieren.

Dieser Strukturkonservatismus ist fast in allen Stücken

dem entgegengesetzt, was die europäische Geschichte an christlich-konservativer Tradition hervorgebracht hat und was heute auch in Bereiche hinein ausstrahlt, die sich nicht auf diese Tradition berufen. Der Strukturkonservatismus gerät in Konflikt mit einem Konservatismus, dem es weniger um Strukturen als um Werte geht, der beharrt auf dem unaufhebbaren Wert des einzelnen Menschen, was immer er leiste, der Freiheit versteht als Chance und Aufruf zu solidarischer Verantwortung, der nach Gerechtigkeit sucht, wohl wissend, dass sie nie zu erreichen ist, der Frieden riskiert, auch wo er Opfer kostet. In dieser Tradition haben Werte wie Dienst oder Treue, Tugenden wie Sparsamkeit oder die Fähigkeit zum Verzicht noch keinen zynischen Beigeschmack. Dieser Konservatismus verficht die Würde des Leidenden und fordert die Würde des Sterbens zurück. Vor allem aber geht es ihm heute um die Bewahrung unserer natürlichen Lebensgrundlagen. Im Folgenden sei daher von Wertkonservatismus die Rede.« (Ende oder Wende, Stuttgart 1975, S. 28f)

Die entscheidende These war: Die beiden Konservatismen werden immer häufiger in Konflikt geraten. Wer Werte bewahren will, wird Strukturen verändern müssen, und wer Machtstrukturen zementieren will, muss dies oft auf Kosten von Werten tun.

Daher wird der Wertkonservatismus sich immer wieder mit Progressiven verbünden, auch wenn er ihrer Ideologie misstraut. Wertkonservatismus ist in der Praxis eher links, Strukturkonservatismus eher rechts.

Natürlich kann es beide Formen des Konservatismus in allen Parteien geben. In der Sozialdemokratie, wo Willy Brandt eigene Überlegungen in dem Wortpaar wieder fand, begann sofort heftige Polemik dagegen, so dass nur kleinere Gruppen mit der Unterscheidung zu arbeiten versuchten. Politisch wirksam wurde sie bei den Grünen, zumal eine ökologische Politik sich damit gut begründen und beschreiben lässt.

Heute geht es darum, den Missbrauch zu verhindern. Wenn jeder Konservative, auch der eindeutig Strukturkonservative, sich als Wertkonservativer vorstellt, wird der ursprüngliche Ansatz in sein Gegenteil verkehrt.

ÜBER DEN AUTOR:

Erhard Eppler
geb. 1926, Dr. phil., war u. a. von 1968 bis 1974 Bundesminister für wirtschaftliche Zusammenarbeit, von 1973 bis 1992 Vorsitzender der SPD-Grundwertekommission und viele Jahre Präsident des Deutschen Evangelischen Kirchentags.